2022

BLF

Original-Prüfungsaufgaben
mit Lösungen

Sachsen

Deutsch 10. Klasse

STARK

17. neu bearbeitete Auflage
www.stark-verlag.de

Inhalt

Prüfungsaufgaben 2015

Prüfungsaufgaben 2016

Prüfungsaufgaben 2017

Prüfungsaufgaben 2018

Prüfungsaufgaben 2019

Prüfungsaufgaben 2020

Für das Jahr 2021 liegen keine offiziellen Prüfungsaufgaben vor, da die Besondere Leistungsfeststellung im Fach Deutsch 2021 aufgrund der Corona-Pandemie abgesagt worden ist.

! Informationen bzw. Übungs- und Prüfungsaufgaben zu den Aufgabentypen der BLF 2022

Autorinnen und Autoren

Regina Esser-Palm: Übungsaufgabe 1
Joachim Handschack: Übungsaufgaben 2–5, 7 u. 8
Angela Potowski: Übungsaufgaben 6 u. 9, Original-Prüfungsaufgaben 2015–2020

Vorwort

Liebe Schülerin, lieber Schüler,

dieses Buch hilft Ihnen, sich auf die **Besondere Leistungsfeststellung im Fach Deutsch in der Klasse 10** des Gymnasiums vorzubereiten.

Zunächst werden die allgemeinen **Grundlagen** zur Durchführung und Bewertung der Besonderen Leistungsfeststellung beschrieben, damit Sie sich auf die Prüfungssituation einstellen können. Zudem erhalten Sie **Hinweise zu Ihrer Arbeitsorganisation** während der Prüfung. Zu den einzelnen Aufgabentypen finden Sie das jeweilige **Basiswissen**, das zur erfolgreichen Bearbeitung notwendig ist.

Der Band enthält die **Originalaufgaben** der BLF von 2015 bis 2020 sowie **neun prüfungsähnliche Übungsaufgaben**. Die sieben Aufgabentypen (Textinterpretation, Textanalyse, literarische Erörterung, Texterörterung, freie Erörterung, gestaltende Interpretation, adressatenbezogenes Schreiben) sind vorgegeben. Zu allen Aufgabentypen bietet der Band Übungsaufgaben mit ausformulierten Lösungen.

2022 haben Sie die **Wahl zwischen** einer **Textinterpretation** (Lyrik) **und** einer **Erörterung** (pragmatischer Text): Für beide Aufgabentypen bietet dieser Band mehrere Übungs- bzw. Prüfungsaufgaben an – das Symbol ! führt Sie zu diesen Aufgaben. Allen **Lösungsvorschlägen** gehen – durch Rauten gekennzeichnet – **Bearbeitungshinweise** voraus, die Ihnen hilfreiche Tipps für die Gestaltung Ihres Aufsatzes geben.

Für die **Arbeit mit diesem Buch** bieten sich mehrere Möglichkeiten an:

- Sie versuchen, die Aufgaben komplett selbstständig zu lösen.
- Sie erarbeiten sich auf der Grundlage des jeweiligen Basiswissens und/oder der Bearbeitungshinweise eine Gliederung und schreiben dann den Aufsatz.
- Sie vergleichen Ihre Lösungen mit den Musterlösungen und suchen nach Verbesserungen Ihrer Aufsätze.
- Sie trainieren einzelne Aufsatzteile gezielt und vergleichen dann Ihre Teillösungen mit den Lösungsvorschlägen des Buches.
- Sie benutzen das Basiswissen und die Aufgabenlösungen zur unmittelbaren Prüfungsvorbereitung durch Lektüre.

Sollten nach Erscheinen dieses Bandes noch wichtige Änderungen in der BLF-Prüfung 2022 vom Kultusministerium bekannt gegeben werden, finden Sie aktuelle Informationen dazu im Internet unter: www.stark-verlag.de/mystark.

Viel Erfolg bei der Besonderen Leistungsfeststellung wünschen Ihnen die Autoren und der Verlag.

Hinweise und Tipps

1 Die Besondere Leistungsfeststellung im Fach Deutsch

Die Durchführung der Besonderen Leistungsfeststellung hat der Freistaat Sachsen für alle Gymnasien einheitlich geregelt. Im Fach Deutsch schreiben Sie einen Aufsatz, für den eine **Arbeitszeit von 90 Minuten** zur Verfügung steht. Für die Aufgabenauswahl erhalten Sie zusätzlich eine **Einlesezeit von 20 Minuten**. Grundlage der Aufgabenstellungen sind die Lehrpläne des Faches Deutsch einschließlich der Klasse 10. Als Prüfungsaufgaben sind grundsätzlich sieben verschiedene Aufgabentypen möglich, von denen Ihnen aber nur zwei vorgelegt werden:

- Textinterpretation,
- Textanalyse,
- literarische Erörterung,
- Texterörterung,
- freie Erörterung,
- gestaltende Interpretation,
- adressatenbezogenes Schreiben.

Für die **Prüfung 2022** werden Ihnen die beiden folgenden Aufgabentypen zur Auswahl stehen: **Textinterpretation** (Lyrik) und **Erörterung** (pragmatischer Text). Als Hilfsmittel ist ein nicht elektronisches Wörterbuch der deutschen Rechtschreibung zugelassen. Ihr Aufsatz wird von Ihrem Deutschlehrer als ganzheitliche Leistung bewertet. Dabei werden Inhalt, Gliederung, sprachliche Gestaltung, Einfallsreichtum, Eigenständigkeit und sprachliche Richtigkeit berücksichtigt. Der Deutschlehrer orientiert sich an vorgegebenen Korrekturhinweisen.

Die Note der Besonderen Leistungsfeststellung fließt mit doppelter Gewichtung wie eine Note für eine Klassenarbeit in die Zeugnisnote im Fach Deutsch ein. Sie hat daher eine wesentliche Bedeutung für das erfolgreiche Bestehen der Jahrgangsstufe 10 und das Vorrücken in die Jahrgangsstufe 11. Alle Schülerinnen und Schüler des Gymnasiums erwerben mit dieser Versetzung einen dem Realschulabschluss gleichgestellten mittleren Bildungsabschluss.

2 Zur Arbeitsorganisation während der Prüfung

Das Schreiben eines Aufsatzes ist für Sie eine vertraute Aufgabe. Wegen der Vielfalt der Aufgabentypen und der Tatsache, dass die Prüfungsaufgaben nicht von Ihrem Deutschlehrer entworfen werden, stellt die Besondere Leistungsfeststellung im Fach Deutsch dennoch eine Herausforderung dar. Hinzu kommt, dass Ihnen mit 90 Minuten Arbeitszeit zuzüglich 20 Minuten Einlesezeit nur ein recht knapper zeitlicher Rahmen für die Bearbeitung zur Verfügung steht. Die folgenden Tipps helfen Ihnen, diese Situation erfolgreich zu meistern.

- **Entscheiden Sie sich zügig**, aber überlegt für eine der beiden Aufgaben. Ein eventueller Zeitgewinn nützt Ihnen bei den weiteren Schritten.
- Arbeiten Sie Aufgabenstellung und Text genau durch, **kennzeichnen Sie Auffälligkeiten** und Struktur des Textes auf dem Arbeitsblatt. Verwenden Sie hierfür zum Beispiel **farbige Textmarker**.
- Erstellen Sie, ausgehend von der Aufgabenstellung, eine genaue **Gliederung** beziehungsweise einen **Schreibplan**. Prüfen Sie, ob alle wesentlichen Gesichtspunkte berücksichtigt sind.
- **Formulieren Sie auf der Basis des Schreibplans** Ihren Aufsatz aus. Das vorherige Schreiben eines ausformulierten Konzepts bringt Sie wahrscheinlich in Zeitnot.
- Formulieren Sie **in klaren und überschaubaren Sätzen**. Vermeiden Sie inhaltliche Wiederholungen und Abschweifungen. Verwenden Sie als Zeitform vor allem das Präsens.
- Planen Sie einen nicht zu knappen **Zeitraum für die Überprüfung** des sprachlichen Ausdrucks und der orthografischen Richtigkeit ein.
- Versehen Sie **alle Blätter** mit Ihrem Namen und nummerieren Sie die einzelnen Seiten durch.

3 Die verschiedenen Aufgabentypen

3.1 Textinterpretation

Die Textinterpretation (untersuchendes Erschließen literarischer Texte) als Schreibaufgabe kennen Sie seit der 9. Klasse. In dieser Jahrgangsstufe haben Sie das Interpretieren von Gedichten und von epischen Texten geübt. In der 10. Klasse haben Sie sich mit Auszügen aus dramatischen Texten befasst und Ihre Kenntnisse im Umgang mit den bekannten Textarten vertieft.

Literarische Texte (auch künstlerische oder fiktionale Texte genannt) unterscheiden sich von den Sach- oder Gebrauchstexten. Sie beziehen sich nämlich nicht auf die uns umgebende Umwelt bzw. Wirklichkeit, sondern sie stellen eine vom Autor erfundene, oft fantastische und irreale Welt dar. Dadurch eröffnen solche Texte eine andere, nicht selten neue und überraschende Sicht auf uns umgebende Probleme und Sachverhalte, die wir dann in einem neuen Licht wahrnehmen. Literarische Texte verfolgen häufig die Absicht, problematische Entwicklungen in unserer Gesellschaft oder in unserer Umwelt bewusst zu machen, zu kritisieren oder zu beeinflussen. Dazu verwenden die Autoren literarische Formen und sprachkünstlerische Gestaltungsmittel. Überwiegend auf diesen künstlerischen Formen und Mitteln beruht die oft verblüffende Wirkung der Texte, die nicht zuletzt der Unterhaltung ihrer Leser dienen. Fast alle literarischen Texte sind mehrdeutig.

Bei der Textinterpretation bekommen Sie einen kürzeren, in sich geschlossenen literarischen Text (z. B. ein Gedicht, eine Kurzgeschichte) oder einen Auszug aus einem vom Unterricht her bekannten längeren Text (Roman, Drama) vorgelegt. Im Aufsatz müssen Sie nachweisen, dass Sie sich in vielfältiger, kreativer, aber auch systematischer Weise mit dem Inhalt und der Gestaltung des Textes auseinandersetzen können. Damit Sie dieses Gesamtverständnis erreichen, sind einige **Untersuchungsschwerpunkte** zu beachten:

- Thema, Inhalt und Struktur des Textes;
- äußere Form des Textes, Textgattung und Textsorte;
- sprachliche Gestaltungsmittel, Bilder und Symbolgehalt;
- Deutungen, Wirkungen, mögliche Intentionen des Autors;
- literaturgeschichtliche und zeitgeschichtliche Einordnung;
- Wertung, Einbeziehung eigener Erfahrungen und Ansichten.

In der **Einleitung** des Aufsatzes sollten Sie das Thema des Textes benennen. Auch Aussagen zum Autor und zur Textentstehung sind sinnvoll. Sie weisen dadurch nach, dass Sie den Text in größere Zusammenhänge einordnen können. Die genaue Bestimmung von Textgattung und Textsorte hilft Ihnen bei der Festlegung Ihrer Untersuchungsschwerpunkte. In der Einleitung ist aber auch ein assoziatives Vorgehen möglich, das Ihre Eindrücke beim erstmaligen Lesen des Textes thematisiert. Falls der Text ein Auszug aus einem Roman oder einem Drama ist, muss dieser in die Gesamthandlung eingeordnet werden.

Im **Hauptteil** stellen Sie Ihre Untersuchungsergebnisse zu Inhalt, Struktur, Form und sprachlicher Gestaltung des Textes dar. Auf dieser Basis gelangen Sie dann zu Deutungen und Wirkungen des Textes sowie zu möglichen Intentionen des Autors. Sie sollten mit einer straff gestalteten, aber dennoch genauen Inhaltswiedergabe beginnen. Empfehlenswert ist eine Verbindung der Inhaltswiedergabe mit einer Beschreibung der Struktur bzw. der Gliederung des Textes. Sprachliche und formale Gestaltungsmittel sind zu erfassen (Zitiertechnik!) und zu benennen, unbedingt notwendig sind auch Aussagen zur Funktion oder zur Wirkung des jeweiligen sprachlichen Mittels. Am Ende des Hauptteils können Sie aus den bisherigen Ergebnissen eine Gesamtdeutung des literarischen Textes ableiten. Weil literarische Texte mehrdeutig sind, sollten Sie auch mehrere Deutungsmöglichkeiten anbieten, wenn das der Text zulässt. Alle Deutungen müssen aus dem Text heraus begründet und durch entsprechende Textbelege nachgewiesen werden.

Der **Schluss** des Aufsatzes dient dazu, die Ergebnisse zusammenzufassen oder den Bezug zur Einleitung herzustellen. Es kann aber auch sinnvoll sein, die Problematik des Textes und seine künstlerische Gestaltung zu bewerten und dabei eigene Erfahrungen im Umgang mit anderen literarischen Texten einzubeziehen.

Interpretation lyrischer Texte

Gedichte kennen Sie bereits seit der Grundschule. In den vergangenen Schuljahren am Gymnasium haben Sie immer wieder Beispiele besprochen und gestaltet, seit der 8. Klasse haben Sie sich mit der schriftlichen Interpretation von Lyrik beschäftigt. Lyrische Texte unterscheiden sich in wesentlichen Punkten von anderen literarischen Texten. Die sich ergebenden Besonderheiten müssen Sie bei der Interpretation beachten.

Lyrik erkennen Sie schon an der äußeren Form, ein Gedicht besteht aus Strophen und Versen, die oft gereimt sind. Manchmal begegnen Sie genau vorgegebenen Gedichtformen wie dem Sonett. Auch die rhythmische Gestaltung der Texte in bestimmten Versmaßen (Jambus, Trochäus, Daktylus) ist kennzeichnend.

Gedichte lassen sich bestimmten Themengruppen zuordnen, es gibt z. B. Liebesgedichte, Naturgedichte oder politische Lyrik. Durch die vielfältige Verwendung von bildhaften Ausdrücken und anderen künstlerischen Gestaltungsmitteln erscheinen Gedichte oft als sehr dichte, vieldeutige und auch schwierig zu verstehende Sprachkunstwerke. Eine ganz wesentliche Rolle spielt der **lyrische Sprecher** (das lyrische Subjekt, das lyrische Ich), der nicht mit dem Autor gleichgesetzt werden darf. Die Analyse der lyrischen Situation ist ein wesentlicher Bestandteil jeder Gedichtinterpretation. Sie sollten folgende Fragen beantworten:

- Welche Aussagen über den lyrischen Sprecher sind möglich?
- Worüber äußert sich der lyrische Sprecher?
- Wer wird angesprochen und welche Ziele werden verfolgt?
- In welcher Art und Weise sind die Äußerungen gestaltet?

Die **Einleitung** des Aufsatzes sollte Aussagen zum Thema, zur literaturgeschichtlichen Einordnung und zum Autor enthalten. Aber auch die Beschreibung des Ersteindrucks kann sinnvoll sein. Den **Hauptteil** beginnen Sie am besten mit der Analyse der lyrischen Situation und der strukturierten Inhaltsangabe. Dann legen Sie die anderen, oben schon genannten Aspekte dar und stellen dabei immer den Zusammenhang zwischen Gestaltungsmitteln, Aussageabsichten und Wirkungen her. Im **Schlussteil** sollten Sie sich zusammenfassend zu Inhalt, Gestaltung und Wirkung des Textes äußern und auch bewusst Ihre eigene Haltung einbeziehen.

Interpretation epischer Texte

Epische Texte sind sehr vielgestaltig, sowohl vom Umfang als auch von der künstlerischen Gestaltung her betrachtet. In den vergangenen Schuljahren haben Sie vor allem Kurzgeschichten sowie Auszüge aus Romanen und Jugendbüchern interpretiert. Auch Parabeln spielten eine Rolle. Als Texte für die Besondere Leistungsfeststellung kommen vor allem **Kurzgeschichten** und **Parabeln** in Betracht. Die Handlung von Kurzgeschichten ist in unserer realen Umgebung vorstellbar und insoweit wirklichkeitsnah. Wesentliche interpretative Zugänge sind Thema, Handlungsstruktur, Figuren, Orts- und Zeitgestaltung sowie sprachliche Gestaltungsmittel. Parabeln sind kurze, lehrhafte Erzählungen, in denen Begebenheiten der menschlichen Welt auf bildliche Weise dargestellt werden. Im Gegensatz zu Kurzgeschichten können sie manchmal auch irreale und rätselhafte Elemente enthalten. Das in Parabeln Dargestellte wird auch als Bildbereich, das mit dem Dargestellten Gemeinte als Sachbereich der Parabel bezeichnet. Neben den schon bei der Kurzgeschichte genannten Interpretationszugängen ist für eine Parabel die genaue Erfassung, Erläuterung und Abgrenzung des Bildbereichs (Dargestelltes) und des Sachbereichs (Gemeintes) bedeutsam.

Die bestimmende Besonderheit epischer Texte ist, dass ein Geschehen von einem Erzähler dargestellt wird, der nicht mit dem Autor identisch ist, sondern von Letzterem erfunden wurde. Ein **auktorialer Erzähler** hat einen großen Überblick über die Ereignisse, einen zeitlichen Abstand und Distanz zum Geschilderten. Außerdem bewertet und kommentiert er Handlung und Figuren. Ein **neutraler Erzähler** verzichtet dagegen auf jede Art von Bewertung. Beim **per-**

sonalen Erzählen wird ohne Kommentare aus der Perspektive einer handelnden Figur erzählt. Der Leser wird dadurch sehr stark in das Geschehen einbezogen.

Im **Einleitungsteil** sollten Sie sich zum Thema und zum Titel des Textes äußern. Auch ein Ersteindruck kann dargestellt werden. Bei Kurzprosatexten sollten Sie entscheiden, ob es sich um eine Kurzgeschichte oder eine Parabel handelt, weil dadurch das weitere Vorgehen bei der Interpretation wesentlich beeinflusst wird.

Der **Hauptteil** beginnt mit einer knappen, gut strukturierten Inhaltswiedergabe. Weitere wichtige Untersuchungsschwerpunkte sind die Figuren mit ihren Eigenschaften und Konflikten, Handlungsort und Handlungszeit sowie Wortwahl, Satzbau und bildhafte Ausdrucksmittel (Metapher, Personifikation, Vergleich u. a.). Die Aspekte sind meist so vielfältig, dass in der zur Verfügung stehenden Arbeitszeit nicht alle bearbeitet werden können. Man beginnt daher zunächst mit den in der Aufgabenstellung genannten Schwerpunkten und entscheidet sich dann selbst für Ergänzungen.

Im **Schlussteil** können Sie Ihre Ergebnisse zusammenfassen und sich dabei auf die Einleitung und das dort benannte Thema des Textes beziehen. Eigene Bewertungen des Textes, der Figuren oder der möglichen Absichten des Autors können ebenfalls sinnvoll sein.

Interpretation dramatischer Texte

Dramatische Texte werden als **Rollentexte** von Schauspielern auf einer Bühne gesprochen. Sie sind im Unterschied zu lyrischen und epischen Texten also nicht zum Lesen gedacht, sondern als schriftliche Textvorlage zu einer Bühnendarstellung. Sie kennen Dramentexte schon seit den unteren Klassen. In Klasse 10 haben Sie sich mit Johann Wolfgang von Goethes „Faust“ beschäftigt und dabei auch Techniken der Interpretation von Dramenszenen kennengelernt. Dramen sind oft in **Akte** (meist fünf) und **Szenen** eingeteilt. Der Spannungsbogen im Drama verläuft so, dass der Höhe- oder Umschlagpunkt der Handlung im dritten Akt liegt. Der erste Akt dient der Einführung in die Handlung, der Vorstellung der Figuren und der Einführung des Konflikts. Im zweiten Akt beschleunigt sich das Geschehen durch Handlungs- und Konfliktaufbau. Im vierten Akt wird durch Handlungsverzögerung nochmals Spannung aufgebaut und die Lösung des Konflikts im fünften Akt vorbereitet. Wenn die Hauptfigur untergeht, spricht man von einer tragischen Lösung oder Katastrophe. Außer dem Rollentext enthalten dramatische Szenen meist auch noch **Regieanweisungen** (Nebentext) mit Hinweisen des Autors zum Bühnenbild sowie zur Sprech- und Spielweise der Darsteller.

Im **Einleitungsteil** des Aufsatzes sollten Sie angeben, wie sich der Textausschnitt in die Gesamthandlung einfügt. Aussagen zum Autor und zur literaturgeschichtlichen Einordnung sind ebenso sinnvoll.

Der **Hauptteil** beschäftigt sich mit dem Inhalt der Szene, wobei folgende Untersuchungsschwerpunkte berücksichtigt werden:
- **Charakteristik der Figuren** (Ziele, Interessen, Absichten, Handlungsmotive, Moralvorstellungen, soziale Stellung),
- **sprachliche Gestaltung des Dialogs** (Redeanteile, Dialekt, Sprachniveau, Wortwahl, Satzbau, Stilfiguren),
- **Konfliktgestaltung** (äußere Konflikte als Konflikte zwischen Figuren, innere Konflikte als Konflikte innerhalb einer Figur).

Im **Schlussteil** können Sie sich zusammenfassend zur Aktualität von Themen und Konflikten äußern. Bewertungen des Verhaltens der Figuren sind genauso möglich. Sie können auch Vorstellungen zur Realisierung des Textes auf der Bühne entwickeln.

3.2 Textanalyse

Bei einer Textanalyse besteht Ihre Aufgabe darin, einen Sachtext hinsichtlich seiner wesentlichen Inhalte und sprachlichen Gestaltungselemente zu untersuchen sowie die Untersuchungsergebnisse zusammenhängend und gut gegliedert darzustellen. Sie haben sich mit dieser Aufgabenart seit der 5. Klasse beschäftigt. Als **Untersuchungsgegenstand** kommen journalistische und populärwissenschaftliche Texte, aber auch Reden und Essays infrage. Um einen Text in seiner Gesamtheit verstehen zu können, muss man unbedingt die kommunikativen Zusammenhänge (Wirkungsabsicht des Autors, Verwendungszweck des Textes, Zielgruppe, Veröffentlichung) beachten. Wesentlich für das Erfassen der Wirkungsweise eines Sachtextes ist außerdem die Berücksichtigung struktureller und grafischer Besonderheiten. Titel, Untertitel, Zwischenüberschriften, Absätze sowie eingebundene Grafiken, Übersichten und Bilder haben eine meist gut überlegte Funktion.

Im **Einleitungsteil** sollten Sie das Thema des Textes benennen, die Absichten des Autors herausstellen und Vermutungen über die Zielgruppe des Textes anstellen. Das ist oft gut möglich, wenn man die Quellenangabe nutzt und entsprechende Aussagen ableitet.

Der **Hauptteil** muss mehrere Teilaufgaben lösen. Zunächst werden die wesentlichen Inhalte thesenartig oder nach den Absätzen der Textvorlage strukturiert wiedergegeben. Die Gedankenführung des Autors, die von ihm verwendeten Beispiele, Argumente, Schlussfolgerungen und Verallgemeinerungen sind wichtig für die Einschätzung der Wirksamkeit des Textes. Man untersucht auffällige sprachliche Gestaltungsmittel im Bereich des Satzbaus, der Wortwahl und des Stils. Dabei ist es notwendig, dass man bei der Analyse der sprachlichen Mittel den Zusammenhang mit der Wirkung des Textes beachtet. Gleiches gilt für die Untersuchung des Layouts und von grafischen Elementen.

Im **Schlussteil** kann man beurteilen, ob es dem Autor gelungen ist, seine Absichten zu realisieren und einen sprachlich wirkungsvollen Text zu gestalten. Auch sichtbar gewordene Probleme können benannt werden.

3.3 Literarische Erörterung

Mit dem erörternden Erschließen literarischer Texte und Problemstellungen haben Sie sich in den Klassen 9 und 10 intensiv beschäftigt. Den Ausgangspunkt einer derartigen Aufgabe bildet meist ein kürzerer Prosatext oder ein Auszug aus einem aus dem Unterricht bekannten literarischen Werk von größerem Umfang. Die genaue **Analyse der Aufgabenstellung** ist eine große Hilfe bei der Konzeption des Aufsatzes. Hinsichtlich der Zielrichtung einer Erörterung unterscheidet man zwei Grundtypen:

Bei der **steigernden** oder **linearen Erörterung** ist die Bearbeitungsrichtung des Themas schon in der Aufgabenstellung angegeben (Beispiel: Erörtern Sie, wie der Autor seine Problemsicht künstlerisch gestaltet.). In diesem Falle ordnet man seine Argumente mit den zugehörigen Beispielen und Begründungen nach dem Prinzip der Steigerung linear an. Man beginnt mit dem schwächsten Argument.

Bei der **dialektischen Erörterung** ist das Ergebnis offen (Beispiel: Erörtern Sie, ob der Autor seine Problemsicht künstlerisch konsequent umsetzt.), das Resultat kann Zustimmung oder Ablehnung der Ausgangsthese sein. Auch ein Kompromiss ist möglich. Die Argumente werden entweder blockweise (erst alle Pro-Argumente, dann alle Kontra-Argumente) oder antithetisch (Pro-Argument, Kontra-Argument, Pro-Argument, ...) angeordnet. Am Schluss muss zusammenfassend Ihre eigene Position dargestellt werden.

Im **Einleitungsteil** äußert man sich zum Thema und zur Problemstellung der Erörterung. Auch Aussagen zum Untersuchungstext und zum Ersteindruck sind sinnvoll. Man kann den Ausgangstext auch hinsichtlich seiner Entstehungszeit einordnen und Bezüge zur Literaturgeschichte herstellen.

Im **Hauptteil** sollte man zunächst das wesentliche Geschehen und den Gedankengang des Untersuchungstextes im Sinne einer **Inhaltsskizze** beschreiben. Dabei äußert man sich auch zu möglichen Intentionen des Autors. Der anschließende

Erörterungsteil bearbeitet die in der Aufgabenstellung gegebene Problemstellung, und zwar entweder als steigernde oder als dialektische Erörterung.

Im **Schlussteil** stellen Sie Ihre eigene Sicht auf die Problemstellung dar. Auch eine Aktualisierung oder Lösungsvorschläge für das Problem sind denkbar.

3.4 Texterörterung

Die Texterörterung als Aufgabentyp ist Ihnen vor allem aus dem Unterricht der Klasse 10 bekannt. Aber auch in den unteren Jahrgangsstufen haben Sie sich mit Inhalten und Problemen von Sachtexten beschäftigt. Als Grundlage einer Texterörterung dienen oft Berichte und Kommentare aus Tageszeitungen und Zeitschriften. Die **Aufgabenstellung** für eine Texterörterung besteht aus zwei Teilen. Im ersten Aufgabenteil werden Sie dazu aufgefordert, den **Inhalt des Textes** darzustellen. Sowohl eine Zusammenfassung, die sich an den Abschnitten des Textes orientiert, als auch eine thesenartige Darstellung der Hauptgedanken sind möglich. Sprachliche und grafische Gestaltungsmittel sowie die logische Struktur des Textes können eine Rolle spielen. Im zweiten Teil der Aufgabenstellung wird dann die eigentliche **Erörterungsaufgabe** formuliert. Sie bezieht sich auf den gesamten Problemgehalt des Textes, auf einzelne Themen oder Thesen oder auch auf von Ihnen selbst auszuwählende Teilprobleme. Wichtig ist in jedem Fall, dass Sie eine gut argumentierte und **begründete Stellungnahme** gestalten. Eine genaue **Analyse der Aufgabenstellung** ist besonders wichtig.

In der **Einleitung** sollten Sie das Thema des Textes benennen. Auch Aussagen zum Autor und seinen Absichten, zur Veröffentlichung und zu den möglichen Adressaten des Textes sind sinnvoll. Beachten Sie hierzu die Quellenangabe.

Im **Hauptteil** stellen Sie zunächst den Textinhalt so dar, wie es die Aufgabenstellung fordert. Die anschließende Problemerörterung sollte genau von der Textbeschreibung abgegrenzt werden. Sie kann als steigernde oder als dialektische Erörterung gestaltet werden. Beispiele aus Ihrem Erfahrungsbereich sollten Sie einbringen. Bei der Darstellung von Standpunkten muss immer klar sein, ob es sich um die eigene Sicht oder um die Haltung des Textautors handelt.

Im **Schlussteil** können Sie zusammenfassend nochmals Ihre eigene Position darstellen, Lösungsansätze für das Problem anbieten oder weiterführende Gedanken entwickeln.

3.5 Freie Erörterung

Mit der freien Erörterung als Schreibaufgabe haben Sie sich besonders in der Klassenstufe 9 beschäftigt. Dazu benötigen Sie auch **Techniken des Argumentierens**, die ab Klasse 8 im Unterricht vermittelt wurden.

Eine freie Erörterung unterscheidet sich stark von allen anderen Aufgabentypen, weil kein längerer Text vorhanden ist, auf den sich die Aufgabenstellung bezieht. Allenfalls findet sich ein **Zitat oder eine These als gedanklicher Ausgangspunkt**. Dieses Zitat oder die These umreißt das Thema oder die Problemstellung der freien Erörterung. Zu diesem Problem wird von Ihnen im Rahmen der Erörterung eine **eigenständige und begründete Meinungsäußerung** erwartet. Dabei soll das Thema möglichst unter Einbeziehung mehrerer Lösungsansätze oder Sichtweisen entfaltet werden. Hierzu dienen geeignete Beispiele sowie eigene Erfahrungen und Haltungen, die den **Argumenten** und **Gegenargumenten** für den individuellen Standpunkt zugeordnet werden. Die Themen oder Probleme für eine freie Erörterung sind so gestaltet, dass sie an Ihre Erfahrungen und an Ihr Lebensalter anknüpfen. Auch aktuelle oder allgemeine Fragen des menschlichen Zusammenlebens sind vorstellbar. Solche Themen können auch auf die Darstellung in literarischen Werken bezogen sein. In diesem Fall nähert sich die freie Erörterung der literarischen Erörterung an. Das Thema kann, wie bei der literarischen Erörterung oder bei der Texterörterung, eine **lineare** oder eine **dialektische Darstellung** der Argumente und Gegenargumente fordern (vgl. S. VIII).

Besonders wichtig für die freie Erörterung sind die geistige Durchdringung der einzelnen Arbeitsschritte und das konsequente Arbeiten nach einem eigenen Schreibplan bzw. einer Konzeption, die die Gliederung des Aufsatzes festlegt. Der erste Arbeitsschritt bei der Anfertigung einer freien Erörterung ist das **Sammeln des Materials**. Sie sind dabei im Wesentlichen auf Ihre eigene Sachkenntnis und auf Ihr Problemverständnis angewiesen. Als Methoden der Materialsammlung können Sie das **Brainstorming** und das **Mindmapping** nutzen. Beim Brainstorming schreiben Sie so schnell wie möglich alle Gedanken, Einfälle und Assoziationen auf, die Ihnen zum Thema einfallen. Das anschließende Mindmapping dient der logischen Ordnung und der grafischen Veranschaulichung der gefundenen Ideen. Aus der Mindmap (grafische Veranschaulichung der Ideen) leiten Sie dann die **Gliederung des Aufsatzes** ab. Bei der anschließenden **Ausformulierung** stellen Sie Ihren Gedankengang unter Einbeziehung von Thesen, Argumenten, Beispielen und Erfahrungen logisch überzeugend dar. Eine sachliche, klare und eindeutige Formulierung von Aussagen und Begründungen sowie die exakte Trennung von eigenen und fremden Einschätzungen und Meinungen sind notwendig für einen wirkungsvollen Aufsatztext.

In der **Einleitung** des Aufsatzes stellen Sie zunächst den Bezug zum Thema her, bevor Sie im **Hauptteil** Ihre Argumentation wie oben dargestellt entfalten. Besonders günstig ist, wenn Sie die im Text vorhandenen Beziehungen und Anknüpfungspunkte auch mit geeigneten sprachlichen Mitteln veranschaulichen und damit Ihre Gedankengänge plausibel machen. Der **Schlussteil** dient der abschließenden Zusammenfassung und der klaren Formulierung Ihrer eigenen Sicht auf das Problem. Sie können hier auch eigene Vorschläge für die Problemlösung darstellen.

3.6 Gestaltende Interpretation

Bei der Untersuchung literarischer Texte haben Sie in den vergangenen Schuljahren öfter auch **produktive Methoden** angewandt. Diese Methoden fordern, dass Sie in besonderer Weise kreativ mit einem literarischen Text umgehen, ihn sozusagen als Ausgangspunkt für einen selbst gestalteten künstlerischen Text nutzen. Als **Textgrundlage** für gestaltende Interpretationen kommen Gedichte, Dramenszenen und Kurzgeschichten infrage, aber auch Ausschnitte aus längeren Werken, die Sie im Unterricht besprochen haben.

Die Schreibaufgabe besteht aus **zwei Teilaufgaben**, die Sie auch in Form eines jeweils eigenständigen Textes lösen müssen. In der ersten Teilaufgabe werden Sie zu einer zusammenfassenden **Inhaltswiedergabe** aufgefordert. Sie müssen also den Inhalt und eventuell auch die Struktur des Ausgangstextes mit eigenen Worten beschreiben. Sie weisen damit nach, dass Sie den Text in seinen Grundzügen verstanden haben. Das ist auch eine Voraussetzung für den zweiten, den umfangreicheren Teil der Aufgabe. Die **Interpretationsaufgabe** als zweite Teilaufgabe kann vielfältig gestaltet sein. Möglich sind unter anderem:
- einen Erzähltext in eine andere Erzählperspektive umschreiben,
- einen Dramentext in einen Erzähltext umgestalten und umgekehrt,
- einen nur unvollständig vorgegebenen Text weiterschreiben,
- einen Brief in der Rolle einer literarischen Figur schreiben,
- einen inneren Monolog einer Figur gestalten,
- einen Tagebucheintrag oder eine Lebenserinnerung gestalten.

Als ersten Arbeitsschritt bei der Lösung der Interpretationsaufgabe analysieren Sie die Aufgabenstellung. Folgende Fragen sollten Sie beantworten:
- Aus welcher Perspektive soll ich meinen Text schreiben?
- Welche Textsorte soll ich gestalten?
- In welche Figur muss ich mich hineinversetzen?
- Über welches Wissen und welche Erfahrungen verfügt die Figur?
- Welche Inhalte kann ich aus dem Ausgangstext übernehmen?

- An welchen Stellen muss oder kann ich selbst etwas zum Geschehen erfinden?
- Welche sprachlichen Gestaltungsmittel sind wirkungsvoll und angemessen?

Aufgrund der Beantwortung der Fragen ergibt sich eine Schreibkonzeption, ein **Schreibplan:** Sie legen die Inhalte, deren Reihenfolge und die bevorzugt zu verwendenden sprachlichen Mittel fest. In diesem Rahmen sind sehr individuelle Entscheidungen möglich. Eine Gliederung des Aufsatzes in Einleitung, Hauptteil und Schluss kann für die Bearbeitung von Gestaltungsaufgaben nicht empfohlen werden. Ihr Deutschlehrer wird sich bei der Korrektur an folgenden **Bewertungskriterien** orientieren:

- genaue und differenzierte Erfassung der Textvorlage,
- überzeugende Struktur des Aufsatzes,
- eigenständige und ideenreiche Gestaltung,
- in sich stimmige, widerspruchsfreie Darstellung,
- angemessener und überzeugender Einsatz sprachlicher Gestaltungsmittel,
- Einfühlungsvermögen in Figuren, Textsorten und Darstellungsperspektiven.

3.7 Adressatenbezogenes Schreiben

Übungen zum adressatenbezogenen Schreiben spielten in Ihrem Deutschunterricht ab Klasse 8 eine Rolle. In den Klassen 9 und 10 haben Sie Kommentare, Rezensionen, Interviews oder auch Briefe verfasst, die in enger Beziehung zu einem vorher bekannten Sachtext standen. Die Inhalte dieses Sachtextes mussten bei der eigenen Schreibtätigkeit genutzt und verarbeitet werden. Das adressatenbezogene Schreiben wird auch als „Gestaltendes Erschließen pragmatischer Texte" bezeichnet.

Als Ausgangstext für eine adressatenbezogene Schreibaufgabe kommen alle Arten von Sachtexten in Betracht, besonders aber Berichte und Kommentare aus Zeitungen und Zeitschriften. Vorstellbar sind auch Reden, Tagebuchauszüge, Biografien und populärwissenschaftliche Texte. Diese Texte sind oft durch eine große Informationsdichte, eine klare Argumentationsstruktur und Gedankenführung sowie durch die Einbeziehung von Grafiken, Tabellen und Abbildungen gekennzeichnet. Inhalte und Struktur des Ausgangstextes müssen zunächst genau erfasst werden. Dazu können Sie sich an dem Verfahren für die Textanalyse (vgl. S. VII f.) orientieren. Wesentliche Fakten und Zusammenhänge sollten Sie mithilfe von Textmarkern oder Notizzetteln festhalten und veranschaulichen. Das Verständnis des Ausgangstextes stellt die wichtigste Voraussetzung für die eigentliche Aufgabe des adressatenbezogenen Schreibens dar.
Die Hauptaufgabe des Aufsatztyps „adressatenbezogenes Schreiben" besteht darin, einen Text einer vorgegebenen Textsorte (Zeitungsbericht, Kommentar, Rede,

Brief u. a.) für eine festgelegte Adressatengruppe zu schreiben. In dem Text muss eine argumentative Auseinandersetzung mit dem Thema stattfinden und Sie müssen die vorgegebene Kommunikationssituation beachten. Folgende Leitfragen bestimmen Ihre Arbeitsstrategie:

- Welche Textsorte soll ich gestalten? An wen ist der Text gerichtet? Welchen Zweck soll mein Text verfolgen?
- Welche Inhalte und Argumente der Textvorlage kann ich verwenden? Wie muss ich die Darstellungsform der Textvorlage verändern, damit ich meiner eigenen Gestaltungsaufgabe gerecht werde?
- Welche sprachlichen und formalen Gestaltungsgrundsätze sind kennzeichnend für die von mir zu schreibende Textsorte?
- Mit welchen Inhalten und Argumenten kann ich meine Zielgruppe am wirkungsvollsten von meinem Standpunkt zum Thema überzeugen?

Die genaue Analyse der Aufgabenstellung ist für die erfolgreiche Bearbeitung einer adressatenbezogenen Schreibaufgabe sehr wichtig. Sie müssen mit **komplexen Aufgaben** (Aufgabenlösung besteht nur aus einem in sich geschlossenen Text, also dem Zeitungsbericht, dem Kommentar usw.) und auch mit **gegliederten Aufgaben** (voneinander getrennte Teillösungen) rechnen. Teilaufgaben können dabei erstens eine Zusammenfassung wesentlicher Inhalte der Textvorlage, zweitens die eigentliche Gestaltungsaufgabe sowie drittens eine kurze Begründung inhaltlicher und formaler Gestaltungsentscheidungen sein.

Auch eine zweiteilige Aufgabenstellung ist möglich, dabei entfällt entweder die erste oder die dritte Teilaufgabe. Die Lösung der zweiten Teilaufgabe ist mit Abstand der bedeutsamste Bestandteil Ihrer Leistung. Ihr Deutschlehrer wird sich bei der Beurteilung vor allem an dem oben dargestellten Fragenkatalog orientieren.

Variante: Adressatenbezogenes Schreiben auf der Basis untersuchenden Erschließens pragmatischer Texte

Die Variante dieser Aufgabenart unterscheidet sich durch das vorgegebene Material. Neben einem längeren Sachtext werden Grafiken, Bilder, Übersichten oder weitere kürzere Texte zur Verfügung gestellt, auf die Sie sich ebenfalls beziehen sollen. Sie müssen dann selbst entscheiden, ob und wie Sie dieses weitere Material in Ihrer Lösung verwenden. Es kann auch sein, dass ein Material nicht unbedingt für die Lösung benötigt wird.

Sachsen – Besondere Leistungsfeststellung 10. Klasse Deutsch
Übungsaufgabe 1: Textanalyse

Burkhard Straßmann
Isch Thomas Mann[1]

Ein Mix aus Deutsch und Türkisch galt lange als Indiz mangelnder Integration. Doch die Sprachforschung denkt um.

Was für ein Kauderwelsch[2]! Zwei Schüler an der Bushaltestelle:
A: *Otobüse binecek miyiz?*
B: *Ich weiß nicht.*
A: *Lan, bugün zaten öğretmen kızmıştı bize.*
B: *Echt, oder?*
A: *He, der Busfahrer ist ein Sack, hey!*
B: *He, he, he, valla, he, he.*
A: *Der kommt immer zu spät, he.*
B: *Otobüsün dolu olmasına çok gıcık oluyom, hey Mann, geh, voll!*

Wer es nicht versteht, kann diese deutsch-türkische Wörtersuppe für anrüchig halten, wie alle Sprachen, die Jugendliche entwickeln, um sich von Eltern, Lehrern oder Polizisten abzugrenzen. Die üblichen Reaktionen auf dieses seltsame Sprachgemisch, das man auf der Straße, in der U-Bahn oder auf dem Schulhof hört, fallen entsprechend ablehnend aus. „Schlechtes Deutsch" sei das, ein Hinweis auf mangelnde Integration. Selbst ernannte Sprachwarte[3] heben mahnend den Zeigefinger und warnen vor dem Verfall der deutschen Sprache, die ohnehin von Anglizismen wie Barcode, Shitstorm oder gehighlightet massiv bedroht sei. Doch man kann dieses Mischen auch ganz anders sehen. Etwa so wie Volker Hinnenkamp, Professor für Interkulturelle Kommunikation[4] an der Hochschule Fulda, der Hunderte solcher Gespräche von Jugendlichen aufgezeichnet, gesammelt und untersucht hat. Dabei hat der Sprachforscher mehr und mehr Respekt entwickelt gegenüber dem „atemberaubenden Tempo", in dem hier deutsche und türkische Gedanken und Satzteile miteinander verbunden werden. „Es ist eine Leistung", sagt Hinnenkamp, „zwei hochkomplexe und von der Sprachstruktur grundlegend verschiedene Sprachen zu integrieren."

Code-Switching verlangt viel Hirnschmalz

Seine Ansicht markiert eine Trendwende. Lange betrachtete die Linguistik[5] das Vermischen von Sprachen als Ausdruck eines Defizits, als „doppelte Halbsprachigkeit" oder „unzureichende Zweitsprachenkompetenz" der jeweiligen Sprecher. Dabei gab es kaum wissenschaftliche Arbeiten zu dem Phänomen. Das hat sich geändert. „Code-Switching" wird dieser Wechsel von einer Sprache in die andere heute genannt, nach dem englischen Verb für Umschalten. Sein Ergebnis ist eine Art Geheimcode, den weder Nur-Deutsch-Sprechende verstehen noch die meisten Mitglieder der Herkunftskultur. Forscher wie Hinnenkamp bewerten dieses Gemischtsprechen als Ausdruck einer sozialen Identität. Die dazu nötige Kreativität sei jedenfalls beachtlich. [...]

Zwischen den Sprachen zu springen, das macht Geschichten spannender

Die wissenschaftliche Analyse gemischter Gespräche zeigt, dass für das Switchen zahlreiche unterschiedliche Motive verantwortlich sein können. Auslöser kann zum Beispiel ein „Fremdwort" aus der anderen Sprache sein – schon geht es in dieser weiter. Manchmal weiß der Sprecher auch in einer Sprache nicht weiter. Oder er erleichtert sich das Reden, indem er grammatisch schwierige Konstruktionen der einen Sprache durch Umschalten umschifft. Oder man passt sich dem Vorredner an. Manchmal hat der Mischsprecher auch einfach Unfug im Sinn. Man kennt ein solches Sprachverhalten auch beim Dialekt: Der plötzliche Wechsel in die Hochsprache kann eine Erzählung spannender machen oder einen Gefühlswechsel anzeigen.

Hinnenkamp, der schon vor 14 Jahren Studien über Straßenbahngespräche veröffentlicht hat, hält Switchen für viel mehr als eine Verlegenheitslösung oder eine Möglichkeit, klandestine[6] Botschaften auszutauschen. Ihm zufolge ist es ein subtiles[7] Werkzeug der Kommunikationssteuerung: Wer so spricht, kann Anwesende aus- oder einschließen. Das Erleben einer gemeinsamen (Sprech-)Kultur verschaffe den Dazugehörigen dabei so etwas wie ein Heimatgefühl. [...]

Für den Gebrauch von Kanakisch[8] gebe es durchaus praktische Gründe. Wer eine geschlechtsneutrale Äußerung machen und Ausrutscher wie „Personin" vermeiden möchte, könne mit Gewinn ins Türkische ausweichen – da schlägt sich das Geschlecht nicht in der Endung nieder. Ein anderes Motiv ist die Faulheit. Während man bei dem korrekten deutschen Satz „Ich gehe in das Kino" schon zu Beginn Präposition und Geschlecht bedenken muss, bevor man zum Punkt (Kino) kommt, erfordert „Isch geh Kino" deutlich weniger Aufwand. [...]

Natürlich erkauft man sich damit eine gewisse Uneindeutigkeit, wie die Aussage „Isch Thomas Mann" zeigt. Korrekt übersetzt bedeutet das: „Ich bin in der Thomas-Mann-Straße". Andererseits erweitert das Mischen die Auswahl. [...]

So gesehen, kann man fast wehmütig werden, wenn man über die Perspektive dieser Mischsprache nachdenkt. „Sie hat eine begrenzte Lebensdauer", sagt Volker Hinnenkamp, „spätestens nach sechs Generationen ist sie weg" – wahrscheinlich jedoch viel eher. Hinnenkamp erinnert daran, wie vernehmbar sich einst Nachkriegseinwanderer aus Polen artikulierten: „Und heute spricht kaum noch jemand hierzulande Polnisch."

Quelle: DIE ZEIT Nr. 27/2014, 14. Juli 2014; http://www.zeit.de/2014/27/linguistik-sprachforschung-code-switching (zuletzt aufgerufen am 21. 8. 2014)

Anmerkungen:

1 *Thomas Mann:* deutscher Schriftsteller (1875–1955), bekannt für seinen anspruchsvollen Sprachstil und seine langen, ausgefeilten Sätze; erhielt 1929 den Literatur-Nobelpreis

2 *Kauderwelsch:* unverständlicher Sprachenmischmasch

3 *Sprachwart:* Wart = Wächter, also Wächter der deutschen Sprache

4 *Interkulturelle Kommunikation:* soziales Miteinander von Angehörigen verschiedener Kulturen, Forschungsgebiet in den Geistes- und Gesellschaftswissenschaften

5 *Linguistik:* Sprachwissenschaft

6 *klandestin:* heimlich

7 *subtil:* ausgeklügelt, fein, raffiniert

8 *Kanakisch:* hier (nicht abfällig gemeinte) Bezeichnung für den deutsch-türkischen Sprachenmix; die 2. und 3. Generation der Türken bezeichnet sich inzwischen selbst stolz mit diesem ehemals abwertend gemeinten Wort

Arbeitsauftrag

Untersuchen Sie den Artikel. Erläutern Sie die im Text dargestellte Position der Sprachforschung zum Sprachenmix und die sprachliche Gestaltung des Textes am Beispiel der Überschrift und des Gebrauchs der Zitate.

Lösungsvorschlag

Die Formulierung des Arbeitsauftrages „Untersuchen Sie den Artikel" verlangt von Ihnen eine Analyse des Textes. Der vorgegebene Text stammt aus der „Zeit", einer Wochenzeitung, die sich an eine bildungs-, politik- und kulturinteressierte Leserschaft richtet. Insofern dürfen Sie einen auch sprachlich anspruchsvollen Text erwarten, den Sie mehrmals gründlich lesen sollten. Nehmen Sie die Worterklärungen wahr, sie könnten Ihnen wichtige Hilfestellungen bieten. Neben der genauen Lektüre des Textes ist von entscheidender Bedeutung, die Aufgabenstellung genau zu beachten. Verfassen Sie zunächst eine Einleitung, in der Sie neben allen wichtigen Informationen zum Text auch das Thema klar benennen. Geben Sie dann den Inhalt des Textes knapp wieder. Halten Sie sich unbedingt daran, denn die weiteren Untersuchungsaspekte verlangen deutlich mehr Raum und Zeit. Der Text beschäftigt sich mit dem Mischen verschiedener Sprachen meist durch jugendliche Sprecher, beispielhaft aufgezeigt am deutsch-türkischen Sprachenmix. Sie sollen auch die im Text verwendeten sprachlichen Gestaltungsmittel und deren Wirkung untersuchen und erklären. Allerdings werden hierzu Hinweise gegeben: Sie sollen die Überschrift in den Blick nehmen und die Zitate betrachten. An „Zitaten" enthält der Text einen Dialog (Z. 4–11) und Zitate des Sprachforschers (Z. 24–27, 67–71). Gehen Sie auf diese ein und beachten Sie, bei allen Erklärungen zur sprachlichen Gestaltung auch deren Funktion anzugeben, also zu erklären, warum diese Zitate verwendet werden. Sie sollten Ihren Text mit einem knappen Resümee (ein bis drei Sätze) abrunden, in dem Sie ganz kurz die Bedeutung oder Wirkung oder Leistung dieses Artikels darlegen.

Einleitung
Titel, Autor, Textsorte, Erscheinungsdatum und -ort

Der Zeitungsartikel mit dem Titel *Isch Thomas Mann* stammt aus der Wochenzeitung „Die Zeit" vom 14. Juli 2014 und wurde von Burkhard Straßmann geschrieben. Der Verfasser beschäftigt sich darin mit dem besonders von Kindern und Jugendlichen anderer Kulturen gebrauchten Mix ihrer Herkunftssprache und des Deutschen. Dieser Sprachenmix wird in der Öffentlichkeit als Hinweis auf mangelnde Integration und Sprachverfall gesehen. Die aktuelle Sprachforschung dagegen erkennt darin eher eine besondere sprachliche Leistung, die es zu würdigen gelte.

Thema

Hauptteil
Inhaltswiedergabe:

Eben diesen Unterschied in der Wahrnehmung thematisiert die kurze Einleitung des Artikels (vgl. Z. 1 f.). Im nächsten Absatz wird ein Dialog zweier Schüler in türkisch-deutschem Sprachenmix als Beispiel für das „Kauderwelsch" (Z. 3) abgedruckt.
Der Verfasser erklärt im Folgenden, dass man dieses Gespräch, auch weil man es nicht verstehe, für „anrüchig" (Z. 12) halten könne. Dies stelle eine Reaktion dar, die häufig im Zusammen-

hang mit Jugendsprache zu verzeichnen sei. Jugendliche verwendeten sie, um sich von den Erwachsenen abzugrenzen, von ebendiesen werde dies aber als Sprachverfall und „[s]chlechtes Deutsch“ (Z. 16) bewertet.

Neue Sicht der Sprachwissenschaft

Dieser Einschätzung wird im Folgenden die neue Sicht der Sprachwissenschaft entgegengestellt, hier beispielhaft vertreten von Professor Hinnenkamp, der in seiner Funktion als Linguist an der Hochschule Fulda solche Sprachenmix-Gespräche aufgezeichnet und analysiert hat. Er bezeichnet diese Art der Kommunikation als „Leistung“ (Z. 26), die sehr viel „Kreativität“ (Z. 38) erfordere.

Gründe für das Code-Switching

Es werden verschiedene Motive für das sogenannte „Code-Switching“ (Z. 33) genannt. Die Verwendung eines bestimmten Wortes aus der anderen Sprache könne den Sprecher veranlassen, anschließend in dieser zu bleiben. Wenn man in einer Sprache nicht weiter wisse, schalte man um auf die andere, oder man passe sich dem Vorredner an. Code-Switching könne auch als Mittel verwendet werden, um das Erzählte spannender zu gestalten. Somit sei das Switchen keine Verlegenheitslösung und auch nicht nur reine Geheimsprache, sondern ein raffiniertes Mittel, um zielgerichtet zu kommunizieren. Es gebe aber noch weitere Gründe, darunter auch die Sprechfaulheit, weil man weniger Aufwand betreiben müsse. Allerdings berge dies die Gefahr von „Uneindeutigkeiten“, wie an dem titelgebenden Satz „Isch Thomas Mann“ gezeigt wird.

Schlusshypothese

Abschließend hält Hinnenkamp fest, dass er die Lebensdauer des türkisch-deutschen Sprachmix auf höchstens sechs Generationen schätzt, dann werde er untergehen, wie es mit dem polnisch-deutschen Mix der Nachkriegseinwanderer auch geschehen sei.

Position der Sprachforschung:

Sprachenmix als Ausdruck eines Defizits

Die sprachwissenschaftliche Einschätzung dieses Switchens als mangelhaft deckte sich lange Zeit mit der der öffentlichen Wahrnehmung: Von „‚doppelte[r] Halbsprachigkeit‘ oder auch ‚unzureichende[r] Zweitsprachenkompetenz‘“ (Z. 30 f.) war die Rede. Beide Begriffe zeigen deutlich, dass die Sprecher, die „Code-Switcher“, als deutlich eingeschränkt in ihren sprachlichen Möglichkeiten eingeschätzt wurden.

Veränderte Einschätzung

Erst in jüngerer Zeit ändert sich diese Wahrnehmung. Der Verfasser des „Zeit“-Artikels bezeichnet dies sogar als „Trendwende“ (Z. 29) in der Linguistik, zumal sich nun mehr und mehr wissenschaftliche Arbeiten mit diesem Thema beschäftigen.

Hinnenkamp führt insgesamt drei Aspekte ins Feld, um das Code-Switching als eine sprachliche Leistung einzustufen: Geschwindigkeit des Sprachwechsels, Schwierigkeitsgrad der miteinander gemischten Sprachen und Maß an Kreativität. Betrachtet man diese Kriterien, so ist man in der Tat weit davon entfernt, dieses Mischen als „Defizit", als mangelnde Sprachbeherrschung anzusehen – und dann lässt sich sicherlich der Vorwurf der „mangelnde[n] Integration" (Z. 1) nicht mehr aufrechterhalten. Somit ist Switchen auch keine reine „Verlegenheitslösung" (Z. 51), weil die Sprecher begrenzt in ihren Möglichkeiten seien.

Code-Switching als sprachliche Leistung

Die switchenden Sprecher erzeugten eine „Art Geheimcode", der nur den Mitgliedern ihrer Gruppe verständlich sei. Am Beispiel des „Kanakischen" wird aufgezeigt, dass Probleme in der einen Sprache – hier des Deutschen, nämlich geschlechtergerecht zu formulieren – mit dem Switchen in die andere Sprache – hier das Türkische – vermieden werden können (vgl. Z. 56–59). Allerdings wird eingeräumt, dass Uneindeutigkeiten auftreten könnten, wie der Titelsatz aufzeigt.

Gezielte Kommunikationssteuerung

Wenn auch nur ein einziger Vertreter der Sprachwissenschaft in diesem Artikel zitiert wird, so kann dennoch davon ausgegangen werden, dass ein Teil der Sprachforscher Hinnenkamps Ansicht teilt, da nun offenbar zumindest mehr wissenschaftliche Studien zur Erforschung dieses Sprachphänomens durchgeführt werden (vgl. Z. 32 f.). So lässt sich der im Text verwendete Begriff der „Trendwende" tatsächlich nachvollziehen: Kanakisch und andere Sprachenmischungen werden nicht mehr als ein mangelhaftes, sondern als ein kreatives Sprachvermögen verstanden.

Zusammenfassung zur Position der Sprachforschung

Am Beispiel der Überschrift lässt sich dies aufzeigen: Betrachtet man den Satz „Isch Thomas Mann" unter grammatischen Vorgaben der deutschen Sprache, so ist er als fehlerhaft aufzufassen. Im Zusammenhang mit Code-Switching wird der geringere sprachliche Aufwand ins Feld geführt. Mithilfe der Überschrift, die ein typisches Beispiel für jugendsprachlichen Sprachenmix darstellt bzw. den Einfluss von Sprachenmix auf Jugendsprache verdeutlicht, erzeugt der Verfasser direkt Interesse für den Text, da nicht nur der Leser der „Zeit" sich fragen wird, wie jemand Thomas Mann sein kann, der doch schon lange verstorben ist. Es zeugt auch von Wortwitz seitens des Verfassers, als Beispiel gerade diesen Schriftsteller zu wählen, der für seine langen, aus-

Sprachliche Gestaltung: Überschrift

gefeilten Sätze bekannt ist. So ist der Abstand zwischen diesem Satz und einem typischen Thomas-Mann-Satz riesig.
Der Verfasser hat sich für den Artikel kundig gemacht und wendet sich an ein gebildetes, interessiertes Publikum. Er möchte das Thema nicht auf Stammtisch-Niveau verhandeln, sondern ernsthaft und wissenschaftlich fundiert darstellen.

Zitate

Deshalb zitiert er auch an mehreren Stellen Professor Hinnenkamp (vgl. Z. 24–27; 67–71), um seine Aussagen zu belegen und zu untermauern. Straßmann lässt aber auch die Sprecher des Kanakischen zu Wort kommen. So gibt er zu Beginn einen achtzeiligen Dialog zweier Jugendlicher an der Bushaltestelle wieder (vgl. Z. 4–11). Auf diese Weise erhält der Leser, der das Phänomen bisher vielleicht noch nicht kannte, einen eigenen Eindruck von diesem Sprachengemisch. Zugleich macht er auf die Vorgehensweise des Linguisten Hinnenkamp aufmerksam, der „Hunderte solcher Gespräche von Jugendlichen aufgezeichnet, gesammelt und untersucht hat“ (Z. 22 f.).

Schlussteil

Straßmann stellt in seinem Artikel die veränderte Einschätzung der Sprachwissenschaft bezüglich des jugendsprachlichen Mischens verschiedener Sprachen fest. Er greift die gängigen abwertenden Einschätzungen auf, die dies als „Sprachverfall“ sehen, und stellt diesen die neuere, positiv besetzte linguistische Sichtweise entgegen. So wie Hinnenkamp sich mit einer neutralen Herangehensweise – ohne zu werten, zunächst untersuchend – mit dem Sprachenmix beschäftigt und dann festgestellt hat, dass dieser eine respektable Leistung darstellt, so soll sich auch der Leser des „Zeit“-Artikels ohne Vorurteile dem Phänomen nähern und dann überzeugt werden, dass es nicht zum Untergang der deutschen Sprache führt. Somit plädiert Straßmann indirekt für einen gelassenen Umgang mit diesem Phänomen des Sprachwandels.

Hermann Hesse (1877–1962):
Wie eine Welle (1901)

Wie eine Welle, die vom Schaum gekränzt
Aus blauer Flut sich voll Verlangen reckt
Und müd und schön im großen Meer verglänzt –

Wie eine Wolke, die im leisen Wind
Hinsegelnd aller Pilger Sehnsucht weckt
Und blaß und silbern in den Tag verrinnt –

Und wie ein Lied am heißen Straßenrand
Fremdtönig klingt mit wunderlichem Reim
Und dir das Herz entführt weit über Land –

So weht mein Leben flüchtig durch die Zeit,
Ist bald vertönt und mündet doch geheim
Ins Reich der Sehnsucht und der Ewigkeit.

Aus: *Das Lied des Lebens.* Die schönsten Gedichte von Hermann Hesse.
Suhrkamp, Frankfurt am Main [10]1995, S. 21.

Arbeitsauftrag

Interpretieren Sie das Gedicht. Beachten Sie die Vergleichsstruktur des Gedichts, lösen Sie wesentliche Metaphern auf und beziehen Sie Stellung zur Problemsicht des lyrischen Subjekts.

Lösungsvorschlag

Der Arbeitsauftrag gibt Ihnen einige Arbeitsschwerpunkte vor, die Sie berücksichtigen sollen. Der erste Schwerpunkt ist auf die Vergleichsstruktur des Gedichts bezogen, die Sie zunächst im Text durch Markieren herausarbeiten können: Welle, Wolke und Lied (Strophen eins bis drei) werden beschrieben und dann mit dem Leben (Strophe vier) verglichen. Eine wesentliche Teilaufgabe jeder Gedichtinterpretation stellt die Untersuchung der sprachlichen Gestaltungsmittel dar. In diesem Rahmen ist die Untersuchung der tragenden Metaphern des Textes sinnvoll. Im letzten Teil des Arbeitsauftrages werden Sie aufgefordert, ihre Meinung zum Thema des Textes der Meinung des lyrischen Subjekts gegenüberzustellen. In der Einleitung des Aufsatzes gehen Sie am besten vom Ersteindruck und vom Thema des Gedichts aus. Die notwendige Inhaltswiedergabe lässt sich sehr gut mit der Beschreibung der Vergleichsstruktur des Gedichts verbinden. Die Darstellungsweise des lyrischen Sprechers muss dabei beachtet werden. Im Rahmen der Analyse der sprachlichen Gestaltungsmittel gehen Sie auf den Sinngehalt der Metaphern (z. B. „Welle", „Wolke", „Lied", „Flut", „Pilger", „Herz") ein und erläutern deren Verwendung und Funktion. Verschiedene Deutungsmöglichkeiten des Gedichts stellen Sie möglichst in einem eigenständigen Absatz dar. Eine Formanalyse mit den Schwerpunkten Strophen, Reim und Versmaß gehört zu jeder Gedichtinterpretation. Im Schlussteil äußern Sie sich dazu, ob Sie der Sichtweise des lyrischen Subjekts zustimmen können.

Einleitung
Sinn des Lebens als Thema

Das Thema des Gedichts *Wie eine Welle* von Hermann Hesse erschließt sich dem Leser zunächst nicht sofort. Das liegt an der Vergleichsstruktur des Textes, die sich schon im Titel andeutet. Man wird behutsam zum eigentlichen Gegenstand, zum Problem geführt: Es geht um die Frage nach dem Sinn und dem Wesen des Lebens, das mit einer Welle, einer Wolke und einem Lied verglichen wird.

Hauptteil
Struktur des Gedichts: Vergleich

Die drei Vergleiche der einleitenden Strophen können als eine umfangreiche Hinführung zur eigentlichen Kernaussage des Gedichts in der vierten Strophe aufgefasst werden. Der lyrische Sprecher nimmt zunächst eine beschreibende Grundhaltung ein.

Strophe 1: Leben als Welle

In der ersten Strophe wird eine Welle dargestellt, die sich schaumgekrönt und kraftvoll aus der Weite des großen Meeres erhebt. Doch ihre Existenz ist nur von kurzer Dauer, sie entfernt sich schnell aus dem Auge des Betrachters und „verglänzt" (V. 3) in der Weite des Ozeans.

Wesentliche Eigenschaften der Welle werden auch dem Gegenstand der zweiten Strophe, einer Wolke, zugeordnet. Auch sie erscheint zunächst neu, sie wird aufmerksam beobachtet und beschrieben, bis sie zerfließend aus dem Blickfeld verschwindet. Der dritte Vergleich bezieht sich auf das Lied oder Musikstück eines Straßenmusikanten, dessen fremdländischer Klang die Gedanken des Zuhörers sehnsüchtig in die Ferne schweifen lässt.

Strophe 2: Leben als Wolke

Strophe 3: Leben als Lied

Das lyrische Subjekt des Gedichts gibt sich erst in der vierten Strophe in der Wortgruppe „mein Leben“ (V. 10) eindeutig zu erkennen. Man hat den Eindruck, dass es eher um eine Art lautes Nachdenken des Sprechers als um das Ansprechen des Lesers geht.

Lyrische Situation

Das Wesen des Lebens gleicht nach Meinung des lyrischen Subjekts einer verfließenden Welle, einer sich auflösenden Wolke, einem verklingenden Lied. Dennoch hat dieses Verwehen und Vergehen des Lebens ein geheimes Ziel, einen geheimen Sinn, der im „Reich der Sehnsucht und der Ewigkeit“ (V. 12) gesucht werden kann.

Auflösung der Vergleichsstruktur

Diesem Sinn kann man genauer nachspüren, wenn man die sprachlichen Gestaltungsmittel und bildhaften Ausdrücke des Gedichts untersucht. Die Vergänglichkeit der Welle wird dadurch betont, dass sie von noch schneller vergehendem Schaum bedeckt ist. Sie kommt aus dem „großen Meer“ (V. 3), aus „blauer Flut“ (V. 2), kann also vielleicht als flüchtiger Bestandteil eines dauerhaften Ganzen verstanden werden. Sie wird „müd“ (V. 3) und verschwindet, das Universum des Ozeans bleibt aber erhalten und bringt immer neue Wellen hervor. Solche Gedanken kann sich aber nur ein genauer Beobachter machen, der dann auch als „Pilger“ (V. 5) in der zweiten Strophe benannt wird.

Sprachanalyse

Auflösung von Metaphern: Welle

Spätestens hier gewinnt das Gedicht auch eine religiöse Dimension, denn ein Pilger ist ein Mensch, der sich an heilige Orte begibt, um dort zur Annäherung an Gott zu gelangen. Auch Selbsterkenntnis kann Ziel einer Pilgerreise sein. Die erscheinende, dahintreibende und vergehende Wolke kann also vom Pilger als ein Abbild seines eigenen Lebens erkannt werden. Das am „heißen Straßenrand“ (V. 7) erklingende Lied könnte ein Hinweis darauf sein, dass der Pilger seinem Ziel schon nahe ist. Wichtige Ziele von Pilgerreisen liegen in südlichen, also

Religiöse Dimension

Auflösung von Metaphern: Wolke

warmen Ländern. Als Beispiele könnten Rom, der Sitz des Papstes, oder auch Jerusalem genannt werden.

Auflösung von Metaphern: Lied

Das erklärt auch den fremdtönigen, wunderlichen und exotischen Klang des Liedes, das die Sehnsüchte und Phantasien des Pilgers noch mehr anregt. Dass all diese Wahrnehmungen auch viel mit dem Gefühl, wahrscheinlich einem religiösen Gefühl, zu tun haben, zeigt die Metapher „Herz“ in Vers 9.

Deutungsmöglichkeiten

Als Fazit aus den Vergleichen erkennt das lyrische Subjekt zunächst die wichtigste Eigenschaft seines eigenen Lebens: Es ist vergänglich und klein, es fließt in einem übermächtigen und gewaltigen Strom der Zeit. Dabei ist klar, dass es sich nicht nur um das Leben des lyrischen Subjekts handelt. Das Leben aller Menschen vergeht letztlich im Fluss der Zeit. Damit liegt die Frage nach dem Sinn des Lebens offen, die das Gedicht auf folgende Weise stellt: Welchen Sinn kann mein Leben haben, wenn es doch nur ein kleines, vergängliches Teilchen im unendlichen Universum darstellt? Die Antwort, die angeboten wird, erscheint als ungenauer Versuch. Ein Leben hat ein Ziel, es „mündet“ (V. 11). Die genaue Antwort bleibt aber verborgen und unerkennbar, das bedeutet offensichtlich das Adjektiv „geheim“ im selben Vers. Dass das Ziel des Lebens in der Ewigkeit liegen könnte, betont die schon durch den Pilger eingeführte religiöse Tendenz des Gedichts. Der Begriff der „Sehnsucht“ (V. 12) verweist aber auch in eine andere Richtung. Sehnsüchte sind geheime, oft auch unbewusste Wünsche im Innern eines Menschen. Deren Erfüllung kann mit Selbstverwirklichung gleichgesetzt werden, die dann als zweiter Lebenssinn und als zweite Antwort auf die Frage nach dem Sinn des Daseins im Gedicht genannt wird.

Sinnfrage für alle Menschen

Annäherung an Gott als Lebenssinn

Selbstverwirklichung als Lebenssinn

Formanalyse:
- Strophen
- Reim

Hesses Gedicht besteht aus vier Strophen mit je drei Versen. Innerhalb einer Strophe reimen sich der erste und der dritte Vers. Die Strophen sind durch den übergreifenden Reim ihrer Mittelverse miteinander verbunden, sodass folgendes, eher ungewöhnliches Reimschema erkennbar wird: aba cbc ded fef. Der fließende, dahinströmende Charakter des Gedichts wird durch die häufigen Enjambements verstärkt (V. 1 f., 4 f., 7 f., 11 f.).

- Verdeutlichung der Struktur

Die ersten beiden Strophen beginnen jeweils mit der Vergleichspartikel „wie“, die verstärkend in der dritten Strophe mit „und wie“ aufgegriffen wird. Gedankenstriche am Ende der Strophen verweisen darauf, dass der begonnene Vergleich noch nicht beendet ist. Sie nehmen den Gedankengang des Lesers auf und führen ihn zum abschließenden Urteil der vierten Strophe.

Das Versmaß des Gedichts, ein regelmäßiger fünfhebiger Jambus, verstärkt den Eindruck des Dahinfließens. In den Versen 5 und 8 („hinsegelnd“, „fremdtönig“) variiert der Autor den Jambus durch die Verwendung von Synkopen, also Verlagerungen des rhythmischen Schwerpunkts: Beim Vortrag muss jeweils die erste Silbe der Verse betont werden.

– Versmaß

Hesses Gedicht versucht meiner Meinung nach überzeugend, eine Antwort auf Fragen zu geben, die sich Menschen zu allen Zeiten gestellt haben. Die Vergänglichkeit des Lebens wird durch die beeindruckenden Bilder der Welle, der Wolke und des Liedes verdeutlicht. Trotzdem lässt die vierte Strophe Raum für die Hoffnung, dass etwas Dauerhaftes von der vergänglichen Existenz erhalten bleibt. Der einzelne Mensch ist selbst dafür verantwortlich, dieses Dauerhafte zu suchen und damit seine eigene Antwort auf die Frage nach dem Sinn des Lebens zu finden.

Schluss
Unlösbarkeit der Sinnfrage

Verantwortung des Individuums

Marie-Luise Kaschnitz (1901–1974): Ein ruhiges Haus

Ein ruhiges Haus, sagen Sie? Ja, jetzt ist es ein ruhiges Haus. Aber noch vor kurzem war es die Hölle. Über uns und unter uns Familien mit kleinen Kindern, stellen Sie sich das vor. Das Geheul und Geschrei, die Streitereien, das Trampeln und Scharren der kleinen zornigen Füße. Zuerst haben wir nur den Besenstiel gegen den Fußboden und gegen die Decke gestoßen. Als das nichts half, hat mein Mann telefoniert. Ja, entschuldigen Sie, haben die Eltern gesagt, die Kleine zahnt, oder die Zwillinge lernen gerade laufen. Natürlich haben wir uns mit solchen Ausreden nicht zufriedengegeben. Mein Mann hat sich beim Hauswirt beschwert, jede Woche einmal, dann war das Maß voll. Der Hauswirt hat den Leuten oben und den Leuten unten Briefe geschrieben und ihnen mit der fristlosen Kündigung gedroht. Danach ist es gleich besser geworden. Die Wohnungen hier sind nicht allzu teuer und diese jungen Ehepaare haben nicht das Geld, umzuziehen. Wie sie die Kinder zum Schweigen gebracht haben? Ja, genau weiß ich das nicht. Ich glaube, sie binden sie jetzt an den Bettpfosten fest, so dass sie nur kriechen können. Das macht weniger Lärm. Wahrscheinlich bekommen sie starke Beruhigungsmittel. Sie schreien und juchzen nicht mehr, sondern plappern nur noch vor sich hin, ganz leise, wie im Schlaf. Jetzt grüßen wir die Eltern wieder, wenn wir ihnen auf der Treppe begegnen. Wie geht es den Kindern, fragen wir sogar. Gut, sagen die Eltern. Warum sie dabei Tränen in den Augen haben, weiß ich nicht.

Aus: Marie-Luise Kaschnitz: *Steht noch dahin.* Neue Prosa. Insel Verlag, Frankfurt am Main 1970, S. 70.

Arbeitsauftrag

Interpretieren Sie die Kurzgeschichte. Rekonstruieren Sie das Geschehen, untersuchen Sie die Redeweise der Hauptfigur und bewerten Sie deren Verhalten.

Lösungsvorschlag

Im Arbeitsauftrag wird der von Ihnen zu interpretierende Text bereits als Kurzgeschichte bezeichnet. Die dargestellte Handlung ist in unserer Zeit also real vorstellbar. Schwerpunkte der Interpretation einer Kurzgeschichte können Thema, Handlung, Struktur, Figuren, Handlungsort, Handlungszeit und die Analyse der künstlerischen Gestaltungsmittel sein. Durch die personale Erzählweise des Textes wird das Geschehen aus der Sicht der Hauptfigur und damit einseitig wiedergegeben. Die Inhaltszusammenfassung fordert, dass Sie auch Sachverhalte erfassen, die die Hauptfigur nur indirekt erwähnt. Dadurch rekonstruieren Sie das Geschehen, wie es im zweiten Satz des Arbeitsauftrages gefordert wird. Den Inhalt des Gespräches können Sie im Wesentlichen dem Text entnehmen, Sie sollten aber Vermutungen anstellen, wo das Gespräch stattfindet und mit wem sich die Hauptfigur unterhält. Da die Kurzgeschichte nur aus der direkten Rede der weiblichen Hauptfigur besteht, kann man die Untersuchung der Redeweise mit der Analyse der Sprachgestaltung des Textes gleichsetzen. Aus dem Geschehen und aus den sprachlichen Äußerungen der Frau lassen sich wichtige Fakten für eine Bewertung der Figur ableiten. Da diese Bewertung im Arbeitsauftrag ausdrücklich gefordert wird, sollten Sie diesem Aspekt einen eigenen Absatz widmen. Die Lösung dieser Teilaufgabe kann auch den Schluss des Aufsatzes bilden. Aussagen zur Bedeutung des Titels (Ironie) und zu möglichen Wirkungsabsichten der Autorin vervollständigen Ihre Aufgabenlösung.

Einleitung
Thema und Ersteindruck

Die Kurzgeschichte *Ein ruhiges Haus* von Marie-Luise Kaschnitz thematisiert das Verhältnis unserer Gesellschaft zu Kindern und zu Familien, in denen Kinder leben. Da der gesamte Erzähltext nur aus der direkten Rede der Hauptfigur besteht, muss der Leser die Handlung des Textes und seine Vorgeschichte rekonstruieren. Obwohl die Kurzgeschichte bereits vor mehr als dreißig Jahren erschienen ist, hat sie nicht an Aktualität verloren und beschreibt ein nach wie vor wichtiges Problem unserer Gesellschaft.

Hauptteil
Inhalt, Rekonstruktion des Geschehens

Wohl in einem Treppenhaus begegnen sich eine ältere Hausbewohnerin und eine fremde Person. Die Bewohnerin bestätigt die Einschätzung der fremden Person, dass es im Haus ruhig sei. Allerdings habe bis vor kurzer Zeit großer Lärm geherrscht, der durch Kleinkinder verursacht wurde. Versuche ihres Mannes, den Lärm der Kinder zu unterbinden, verliefen erfolglos. Die Eltern hätten darauf verwiesen, dass ihre Kinder Zähne bekommen würden oder laufen lernten. Der Lärm sei also unvermeidlich. Daraufhin beschwerte sich der Ehemann beim Hauswirt, der den Familien die Kündigung der Wohnungen androhte. Daher hätten die jungen Ehepaare schließlich für Ruhe gesorgt. An dieser Stelle möchte die fremde Person wissen, wie das den Eltern gelungen sei. Die ältere Dame antwortet, dass die Kinder wahrscheinlich an den Betten festgebunden würden und Beruhigungsmittel bekämen. Sie kann sich nicht erklären, dass die Eltern jetzt weinen, wenn man sie nach dem Befinden ihrer Kinder fragt.

Personale Erzählsituation

Der Text entfaltet seine Wirkung über die personale Erzählsituation. Es wird ein Gespräch wiedergegeben, ohne dass dies als direkte Rede gekennzeichnet ist. Die Gesprächswiedergabe erfolgt unvollständig, die Fragen der fremden Person müssen durch den Leser erschlossen werden. Dadurch muss man sich in die Gedankenwelt der nicht mit einem Namen versehenen Frau hineinfinden.

Analyse des Gesprächs:
– Zweiteilung

Der Text ist zweigeteilt, im ersten Teil (bis „haben nicht das Geld, umzuziehen“, Z. 12 f.) beschreibt die Hausbewohnerin, wie die gewünschte Ruhe im Haus durchgesetzt wurde. Der zweite Textteil beginnt damit, dass sie die von Ihrem Gesprächspartner gestellte Frage wiederholt: „Wie sie die Kinder zum Schweigen gebracht haben?“ (Z. 13). Die Frau stellt hierzu Vermutungen an, die sie in einer schockierenden Weise charakterisieren. Man kann zunächst gut nachvollziehen, dass sich ein älteres Ehepaar von Kinderlärm im Haus gestört fühlen kann. Dass man versucht, mit den Eltern die Ursachen des Lärms zu ergründen, ist ebenfalls verständlich. Schon das Klopfen gegen Decken und Wände erscheint dagegen als unbeherrschte Reaktion. Die von den Eltern benannten Ursachen des Lärms werden als „Ausreden“ (Z. 8) abgetan. Die Einbeziehung des Hauswirts und das Androhen der Kündigung erscheinen sehr unangemessen. Die Hausbewohnerin, ihr Ehemann und der Hauswirt bauen so eine Drohkulisse auf, gegen die sich die Familien mit ihren Kindern nicht wehren können.

– Entlarvung

– Wendung ins Groteske

Die Bewohnerin empfindet es als normal, dass den Kindern Beruhigungsmittel gegeben werden und dass man sie an den Bettpfosten festbindet. Sie erfasst in keiner Weise die Notsituation der Eltern, die durch den Konflikt zwischen der angedrohten Kündigung und der Liebe zu den eigenen Kindern entstanden ist.

– Redeanteile

Die nicht direkt wiedergegebenen Redeanteile der fremden Person beschränken sich auf die Bemerkung, dass es im Haus sehr ruhig sei (vgl. Z 1), und auf die Frage, wie die Eltern ihre Kinder beruhigt hätten (vgl. Z. 13). Die Hauptfigur charakterisiert sich dadurch selbst als egozentrisch und egoistisch. Sie lässt andere Menschen kaum zu Wort kommen. Sie ist nicht in der Lage, Konflikte mit Nachbarn im Gespräch und durch das Finden von gemeinsamen Lösungen abzubauen.

Sprachgestaltung

Die Äußerungen der Frau erscheinen zumindest teilweise als umgangssprachlich. Das kann man zum Beispiel an den Wörtern „Geheul", „Geschrei" (Z. 3) und „plappern" (Z. 16) erkennen. Öfter kommen Ellipsen vor, wie sie in der Umgangssprache üblich sind (vgl. Z. 2–4). Die meisten Sätze sind recht kurz und einfach gebaut. Die Frau ist also in ihrem Sprachgebrauch glaubwürdig dargestellt. Sie spricht den Gesprächspartner mehrfach an („Ein ruhiges Haus, sagen Sie?", Z. 1; „stellen Sie sich das vor", Z. 3), ohne allerdings Raum für eine Entgegnung zu lassen. Auch dadurch beweist sie ihre eigene Unfähigkeit zum Dialog.

Überspitzte Darstellung

Darüber hinaus erscheinen die Äußerungen der Frau im letzten Teil des Textes überzogen. Es ist eigentlich nicht vorstellbar, dass in unserer Gesellschaft das Ruhigstellen von Kindern mit Medikamenten und Fesseln akzeptiert wird. Andererseits gehen entsprechende Berichte immer wieder durch die Medien, wenn auch als bedauerliche Einzelfälle. Fast noch drastischer wirkt, wie die Beziehung der Frau zu den Eltern der Kinder nach dem ausgetragenen Streit beschrieben wird: Man grüßt sich wieder und stellt geheuchelte Fragen nach dem Befinden der Kinder.

Mehrdeutigkeit des Titels

Der Titel *Ein ruhiges Haus* lässt die Darstellung einer von Harmonie geprägten Situation erwarten. Tatsächlich herrscht im Haus nun wieder Ruhe, aber um welchen Preis: Die Kinder sind ruhig gestellt. Ihre Eltern müssen mit ungeeigneten Mitteln für Ruhe sorgen. Die Hauptfigur und ihr Mann haben ihre Ruhe brutal zurückerobert. Eigentlich handelt es sich nicht um ein ruhiges, sondern um ein sehr konfliktträchtiges Haus.

Schluss
Bewertung der Hauptfigur; Intention des Textes

Die Bewertung der Figur erfolgt nur durch den Leser, weil durch die personale Erzählsituation eine Bewertung im Text nicht möglich ist. Die Denk- und Verhaltensweisen der Hauptfigur sind abzulehnen, sie sind an Unmenschlichkeit kaum zu übertreffen. Das eigentliche Problem besteht darin, dass in unserer Gesellschaft Kinder und die von ihnen erzeugten Geräusche oft als Belästigung empfunden werden. Richtig ist dagegen, dass Kinder die Zukunft jeder Gesellschaft sind und dass die Einstellungen zu Kindern gleichzeitig auch ein Maß dafür sind, wie erfolgreich Menschen ihre Zukunft gestalten. Nicht nur die Kinderfeindlichkeit von Mietern und Vermietern schadet. Vor allem ist es nicht richtig, wenn Kinder und ihre normalen Verhaltensweisen als störend empfunden werden. Auch die vorgetragenen Klagen im ersten Teil des Textes sind ein Beweis für Kinder- und Familienfeindlichkeit und tragen so zur negativen Bewertung der Hauptfigur bei.

Sachsen – Besondere Leistungsfeststellung 10. Klasse Deutsch
Übungsaufgabe 4: Interpretation dramatischer Texte

Zur Handlung des Dramas „Kabale und Liebe“: Der Adlige Major Ferdinand von Walther, Sohn des Präsidenten von Walther (ein hoher Beamter am Hof des Fürsten), liebt Luise, die Tochter des bürgerlichen Stadtmusikanten Miller, der sein Einkommen durch privaten Musikunterricht aufbessert. Eine Heirat von Ferdinand und Luise ist wegen der unterschiedlichen Herkunft nicht möglich. Eine Liebesbeziehung ohne Ehe kann von Luises Familie nicht akzeptiert werden. Durch vielfältige Intrigen, die die Liebe zwischen beiden untergraben, spitzt sich die Handlung zu und endet tragisch mit dem Tod der Hauptfiguren.

Friedrich Schiller (1759 –1805): Kabale[1] und Liebe (1784)

Erster Akt. Erste Szene

Zimmer beim Musikus
Miller steht eben vom Sessel auf und stellt sein Violoncell auf die Seite. An einem Tisch sitzt Frau Millerin noch im Nachtgewand und trinkt ihren Kaffee.

MILLER *schnell auf- und abgehend:* Einmal für allemal. Der Handel wird ernsthaft. Meine Tochter kommt mit dem Baron ins Geschrei. Mein Haus wird verrufen. Der Präsident bekommt Wind, und – kurz und gut, ich biete dem Junker aus[2].

FRAU: Du hast ihn nicht in dein Haus geschwatzt – hast ihm deine Tochter nicht nachgeworfen.

MILLER: Hab ihn nicht in mein Haus geschwatzt – hab ihm ’s Mädel nicht nachgeworfen; wer nimmt Notiz davon? – Ich war Herr im Haus. Ich hätt meine Tochter mehr koram nehmen[3] sollen. Ich hätt dem Major besser auftrumpfen sollen – oder hätt gleich alles Seiner Excellenz, dem Herrn Papa, stecken sollen. Der junge Baron bringt’s mit einem Wischer hinaus[4], das muss ich wissen, und alles Wetter kommt über den Geiger.

FRAU *schlürft eine Tasse aus*: Possen! Geschwätz! Was kann über dich kommen! Wer kann dir was anhaben? Du gehst deiner Profession nach und raffst Scholaren zusammen, wo sie zu kriegen sind.

MILLER: Aber, sag mir doch, was wird bei dem ganzen Kommerz[5] auch herauskommen? …

Aus: *Schillers Werke in fünf Bänden.* Zweiter Band. Berlin und Weimar [16]1981, S. 291.

Erläuterungen:
1 *Kabale:* Intrige, Ränkespiel
2 *ich biete dem Junker aus:* ich verbiete dem Junker mein Haus
3 *koram nehmen:* zur Rede stellen
4 *bringt's mit einem Wischer hinaus:* kommt mit einem Verweis davon
5 *Kommerz:* Angelegenheit, Sache

Arbeitsauftrag

Interpretieren Sie den Ausschnitt aus der Dramenszene. Untersuchen Sie die beiden Figuren und ihren Konflikt, beschreiben Sie wichtige sprachliche Gestaltungsmittel.

Lösungsvorschlag

Die wesentliche Besonderheit dieser Übungsaufgabe besteht darin, dass Sie einen Auszug aus einem viel umfangreicheren Text interpretieren sollen, den Sie insgesamt wahrscheinlich nicht kennen. Für eine erfolgreiche Bearbeitung müssen Sie die Textinformationen, die zusätzlich gegebenen Informationen zur Handlung von „Kabale und Liebe" und vorhandenes Wissen zur Geschichte und Literatur der zweiten Hälfte des 18. Jahrhunderts verbinden. Ausgangspunkt des Aufsatzes könnten eine zeitgeschichtliche Einordnung und eine Auseinandersetzung mit dem Thema der Szene sein. In die Zusammenfassung des Dialoges der beiden Figuren können Sie die räumlichen (Zimmer in der Privatwohnung) und zeitlichen (morgens) Umstände der Handlung einbeziehen. Kernpunkt der Untersuchung soll, wie im Arbeitsauftrag genannt, die Analyse der Figuren und ihrer Konflikte sein. Zur Figurencharakteristik eignen sich Aussagen zu den jeweiligen Zielen, Motiven und zur sozialen Stellung. Die sprachliche Ausgestaltung der Rollentexte ermöglicht Einblicke in die inneren und äußeren Konflikte der Figuren. Miller und seine Frau bewerten das Liebesverhältnis zwischen ihrer Tochter Luise und Ferdinand von Walther völlig unterschiedlich. Bei einem mehr als 200 Jahre alten Text erscheint es auch sinnvoll, dass Aussagen zur Aktualität der Themen, Konflikte und Lösungen gemacht werden. Damit bewerten Sie unter Einbeziehung heutiger Sichtweisen. Zu beachten ist, dass ein Theaterstück vorrangig für eine Aufführung im Theater und nicht als Lesetext geschrieben wird.

Schillers Drama *Kabale und Liebe* wurde 1784 in der Epoche des Sturm und Drang veröffentlicht. Wenige Jahre vor der Französischen Revolution werden am Beispiel einer Liebesgeschichte zwischen der Bürgerstochter Luise Miller und dem jungen Adligen Ferdinand von Walther die Grundkonflikte der Zeit auf der Bühne dargestellt. Die erste Szene des Dramas zeigt, dass der Musiker Miller und seine Ehefrau die Liebesbeziehung ihrer Tochter mit Ferdinand unterschiedlich wahrnehmen und bewerten.

Einleitung
Einordnung der Szene

Die beiden Figuren befinden sich in ihrer gewohnten häuslichen Umgebung. Miller hat offensichtlich eben noch auf seinem Violoncello gespielt, geht nun aber unruhig im Zimmer umher. Seine Ehefrau sitzt dagegen entspannt und noch im Nachtgewand beim Morgenkaffee. Der Dialog beginnt unvermittelt und versetzt den Zuschauer oder Leser sofort in das Geschehen hinein.

Hauptteil
Bühnensituation

Miller ist sich des Ernstes der Situation bewusst. Durch das Liebesverhältnis seiner Tochter werden deren Ruf und auch sein eigener leiden, er wird „ins Geschrei" (Z. 2) kommen. Er bedauert, dass er seiner Tochter zu viele Freiheiten gelassen hat. Gegenüber Ferdinand hätte er konsequent darauf bestehen müssen, dass eine Beziehung zwischen diesem und Luise nicht in Frage kommt. Als Mittel hierzu wäre eine Information an Ferdinands Vater, den Präsidenten, geeignet gewesen. Miller ist klar, dass eine Ehe zwischen dem Adligen und einer Bürgerstochter nicht denkbar ist. Sicher spielt auch die Angst vor einer unehelichen Schwangerschaft eine Rolle. Millers Frau sieht die Situation viel weniger problematisch. Ferdinand hat die Beziehung zu Luise von sich aus aufgebaut und ihr Ehemann und sie haben daran keinen Anteil. Eine Gefahr durch die Schädigung des Rufes der Familie kann sie nicht erkennen. Ihr Mann soll weiter seinem Beruf nachgehen und Geld verdienen. Miller ist jedoch ratlos, er weiß nicht, was aus dem „Kommerz" (Z. 16), der Angelegenheit, werden wird.

Handlung der Szene

Der äußere Konflikt zwischen den beiden Figuren besteht in der unterschiedlichen Bewertung der Liebesbeziehung: Miller ahnt die heraufziehende Gefahr und will deswegen eine sofortige Beendigung des Verhältnisses erreichen. Seine Frau dagegen findet nichts Anstößiges an der Beziehung, sie ist vielleicht sogar stolz darauf. Deswegen hat sie auch keinen Konflikt in ihrem Inneren. Miller jedoch ist äußerst unruhig, weil er sich

Innere und äußere Konflikte

selbst eine Schuld gibt. Er hat seiner Tochter die Beziehung zu Ferdinand nicht verboten.

Sprache und Charakterisierung der Figuren

Miller und seine Frau werden in einer privaten Atmosphäre vorgestellt. Beide verwenden die Umgangssprache. Als Beispiele für umgangssprachliche Ausdrücke können „ins Geschrei kommen“ (Z. 2, Miller), „Wind bekommen“ (Z. 3, Miller) und „Du hast ihn nicht in dein Haus geschwatzt“ (Z. 5, Frau) angeführt werden. Auch auf der Ebene des Satzbaus findet sich Umgangssprachliches. Die Figuren verwenden Ellipsen, also unvollständige Sätze. Diese unvollständigen Sätze zeigen auch, dass das Verhalten von Miller („Einmal für allemal.“, Z. 1) und von seiner Frau („Possen! Geschwätz!“, Z. 13) stark von Gefühlen geprägt ist. Miller zeigt als wesentliches Gefühl eine prinzipielle Abneigung gegen den Adel und seine Vertreter. Er hätte gegenüber dem Major „besser auftrumpfen sollen“ (Z. 9 f.), was sicher bedeutet, dass er in Gesprächen mit Ferdinand eine Beendigung der Beziehung zu Luise hätte fordern sollen. Ihm ist auch klar, dass Ferdinands gesellschaftliches Ansehen durch das Verhältnis zu Luise nicht gefährdet wird. Indem Miller Ferdinands Vater ironisch als den „Herrn Papa“ (Z. 10) bezeichnet, distanziert er sich auch von diesem.

Verhältnis der Figuren zueinander

Millers Verhalten gegenüber seiner Frau ist wegen der unterschiedlichen Bewertung der Beziehung zwischen Ferdinand und Luise ziemlich unfreundlich. So äfft er ab Z. 7 die vorhergehenden Äußerungen seiner Frau regelrecht nach („Hab ihn nicht in mein Haus geschwatzt – hab ihm ’s Mädel nicht nachgeworfen.“). Er versucht aber auch, mit sachlichen Äußerungen seine Frau von seiner Position zu überzeugen. So fordert er diese am Ende des Textauszuges dazu auf, eine Lösung für das Problem zu finden, zweifelt aber wahrscheinlich daran, dass seine Frau dazu in der Lage ist. Frau Miller kann die Ängste und Befürchtungen ihres Mannes nicht verstehen. Sie bewertet dessen Äußerungen mit „Possen! Geschwätz!“ (Z. 13). Auch die sich daran anschließende rhetorische Frage („Wer kann dir was anhaben?“, Z. 14) verdeutlicht ihre Haltung.

Moralvorstellungen

Millers Vorbehalte gegen den Adel und gegen eine Beziehung seiner Tochter zu einem Adligen haben auch moralische Gründe: Miller weiß sicher aus seiner Lebenserfahrung heraus, dass für Luise die Gefahr besteht, als Geliebte ausgenutzt zu werden. Adlige konnten in der Zeit des 18. Jahrhunderts problemlos Verhältnisse mit bürgerlichen Mädchen haben, ohne dass daraus eine Verpflichtung erwuchs. Auch kirchliche Sichtweisen verboten vor- oder außereheliche Liebesverhältnisse. An Millers Äußerungen wird deutlich, dass er von einer traditionell geprägten Rollenverteilung zwischen Mann („Ernährer") und Frau („Hausfrau und Mutter") ausgeht. Seine Frau sieht den Sachverhalt deutlich toleranter, hat damit aber Unrecht, wie das tragische Ende des Theaterstücks beweist.

Schluss
Aktualität

Aus heutiger Sicht hat der Stoff sicher an Bedeutung eingebüßt. Männer und Frauen können Beziehungen oft weitgehend unbeeinflusst vom Elternwillen und von ihrem sozialen Stand in der Gesellschaft eingehen. Das liegt auch daran, dass soziale Schichten in unserer Zeit nicht mehr so streng gegeneinander abgegrenzt sind. Unterschiede hinsichtlich der Herkunft, des Bildungsstands und des Einkommens oder Vermögens können dennoch ein Hindernis beim Aufbau von Partnerschaften darstellen.

Bertolt Brecht (1898–1956): Maßnahmen gegen die Gewalt (1930)

Als Herr Keuner, der Denkende, sich in einem Saale vor vielen gegen die Gewalt aussprach, merkte er, wie die Leute vor ihm zurückwichen und weggingen. Er blickte sich um und sah sie hinter sich stehen – die Gewalt.

„Was sagst du?“, fragte ihn die Gewalt.

„Ich sprach mich für die Gewalt aus“, antwortete Herr Keuner.

Als Herr Keuner weggegangen war, fragten ihn seine Schüler nach seinem Rückgrat. Herr Keuner antwortete: „Ich habe kein Rückgrat zum Zerschlagen. Gerade ich muss länger leben als die Gewalt.“

Und Herr Keuner erzählte folgende Geschichte: In die Wohnung des Herrn Egge, der gelernt hatte, nein zu sagen, kam eines Tages in der Zeit der Illegalität ein Agent, der zeigte einen Schein vor, welcher ausgestellt war im Namen derer, die die Stadt beherrschten, und auf dem stand, dass ihm gehören solle jede Wohnung, in die er seinen Fuß setzte; ebenso solle ihm auch jedes Essen gehören, das er verlangte, ebenso sollte ihm auch jeder Mann dienen, den er sähe.

Der Agent setzte sich in den Stuhl, verlangte Essen, wusch sich, legte sich nieder und fragte mit dem Gesicht zur Wand vor dem Einschlafen: „Wirst du mir dienen?“

Herr Egge deckte ihn mit einer Decke zu, vertrieb die Fliegen, bewachte seinen Schlaf, und wie an diesem Tage gehorchte er ihm sieben Jahre lang. Aber was immer er für ihn tat, eines zu tun hütete er sich wohl: das war, ein Wort zu sagen. Als die sieben Jahre herum waren und der Agent dick geworden war vom vielen Essen, Schlafen und Befehlen, starb der Agent. Da wickelte ihn Herr Egge in die verdorbene Decke, schleifte ihn aus dem Haus, wusch das Lager, tünchte die Wände, atmete auf und sagte: „Nein.“

Aus: B. Brecht: *Gesammelte Werke in 20 Bänden*. Bd. 12. Frankfurt am Main 1967, S. 375.

Arbeitsauftrag

Erörtern Sie Gründe für das Verhalten von Herrn Keuner und Herrn Egge. Fassen Sie hierzu den Inhalt der Geschichte zusammen und beziehen Sie auch mögliche alternative Verhaltensweisen der beiden Figuren in die Erörterung ein.

Lösungsvorschlag

Die zwei Teilaufgaben der literarischen Erörterung werden im Arbeitsauftrag sehr klar benannt: Sie sollen zunächst den Inhalt der Geschichte zusammenfassen. Das Verstehen des Textes stellt gleichzeitig die Voraussetzung der Erörterungsaufgabe dar, in der es um das Verhalten der Figuren geht. Ihr Einfühlungsvermögen in literarische Texte wird angesprochen, weil Sie mögliche Verhaltensalternativen der Figuren in die Erörterung einbeziehen sollen. Aussagen zum Thema des Textes und zur Einordnung in die Zeitgeschichte – die faschistische Diktatur war 1930 als Gefahr für viele Menschen spürbar – eignen sich für die Gestaltung der Einleitung. Die Inhaltswiedergabe sollten Sie präzise, aber knapp formulieren. Wichtig ist das Erfassen der Zweiteilung der Geschichte und der Beziehungen der beiden Textteile zueinander. Eine systematische Analyse der künstlerischen Gestaltungsmittel wird bei einer literarischen Erörterung nicht gefordert. Der Arbeitsauftrag gibt in keiner Weise das Ergebnis der Erörterung vor, daher liegt prinzipiell eine dialektische Erörterung vor (vgl. S. VIII dieses Bandes). Die Dialektik ergibt sich aus dem nötigen Abwägen der verschiedenen Handlungsalternativen von Herrn Keuner und Herrn Egge. Günstig ist, wenn Sie die beiden Figuren in jeweils eigenen Abschnitten des Aufsatzes untersuchen. Im Schlussteil können Sie die Ergebnisse der Erörterung zusammenfassen und das Verhalten der beiden Hauptfiguren bewerten. Eine weitere Möglichkeit wären Äußerungen zu der Frage, ob der Text auch in unserer Zeit Denkanstöße vermitteln kann.

Einleitung
Zeitbezug

Die Parabel *Maßnahmen gegen die Gewalt* erschien im Jahre 1930. In dieser Zeit am Ende der Weimarer Republik fürchteten sich viele Menschen in Deutschland vor einer Diktatur. Es war vorauszusehen, dass eine solche Diktatur mit Gewalt und Unterdrückung gegen politische Gegner und Andersdenkende vorgehen würde. Damit stellt sich die Frage, wie man sich verhält, wenn Existenz und Leben von staatlicher oder politischer Gewalt bedroht sind. Genau mit diesem Thema beschäftigt sich die Geschichte von Bertolt Brecht.

Thema

Struktur und Inhalt
Herr Keuner und seine Schüler (erste Geschichte)

Der Text besteht aus zwei Teilen. Im ersten tritt Herr Keuner in einem Saal als Redner auf und spricht sich gegen Gewalt und Gewaltanwendung aus. Während der Rede verlassen viele Leute den Raum. Nach einer Ursache hierfür suchend, schaut er sich um und erblickt, hinter sich stehend, die „Gewalt" (Z. 3). Ihr gegenüber fasst er den Inhalt seiner Rede zusammen: Er habe sich für die Gewalt ausgesprochen. Keuners Schüler können dieses widersprüchliche Verhalten nicht verstehen. Herr Keuner begründet sein Verhalten damit, dass er selbst die „Gewalt" überleben müsse.

Herr Egge
und der Agent
(Gleichnis)

Im zweiten Teil des Textes erzählt Herr Keuner nun ein Gleichnis als Rechtfertigung für sein eigenes Verhalten. Bei einem Herrn Egge sei in der Zeit der Illegalität ein Agent aufgetaucht, der den bedingungslosen Gehorsam einforderte. Herr Egge kommt allen Aufforderungen des Agenten nach. Auf die Frage „Wirst du mir dienen?" (Z. 16 f.) antwortet er aber nicht. Nach sieben Jahren ist der Agent dick und träge geworden, schließlich stirbt er. Herr Egge säubert die Wohnung, schafft die Leiche weg und antwortet endlich: „Nein" (Z. 24).

Erörterung
Herr Keuners
Handlungsmotive

Herr Keuner ist offensichtlich ein angesehener Lehrer, dessen Meinung seine Schüler und Mitmenschen schätzen. Deswegen sind sie auch zahlreich bei seiner Rede im Saal anwesend. Wahrscheinlich ist Keuner zunächst irritiert, als sich der Raum leert. Die Zuhörer haben Angst vor der Gewalt. Für den Leser bleibt zunächst unklar, wen oder was er sich unter der in keiner Weise näher gekennzeichneten „Gewalt" vorzustellen hat. Auch die Hauptfigur weicht zurück, indem sie scheinbar ihre Meinung ändert. Der Gewalt genügt dies, eine Aufklärung der widersprüchlichen Aussagen fordert sie nicht. Herr Keuner hätte die Frage nach dem Inhalt seiner Rede auch wahrheitsgemäß beantworten können: Damit hätte er sich aber gegenüber der Gewalt gegen die Gewalt aussprechen müssen. Ein solches Verhalten wäre sicher sehr riskant. Herr Keuner würde verhaftet, eingesperrt, außer Landes verwiesen oder umgebracht werden, denn so verhalten sich gewalttätige Regierungen und Diktatoren gegenüber ihren Kritikern. Herr Keuner hätte die Frage der Gewalt auch nicht beantworten können. Doch dann hätte nur der Inhalt seiner vorherigen Rede im Raum gestanden. Die Gewalt hätte vermutet, dass Herr Keuner an seinen Meinungen festhält und wie im ersten Fall reagiert. Die Lüge ist für Herrn Keuner daher die einzige Möglichkeit, seine Existenz zu retten.

Seine Alternativen

Herrn Egges
Handlungsmotive

Herr Egge befindet sich in einer etwas anderen Situation. Durch die Angabe „in der Zeit der Illegalität" (Z. 10) ist er selbst als Gegner einer Diktatur beschrieben, die Gewalt kommt auch sehr konkret in der Gestalt eines Agenten auf ihn zu. Der Agent ist durch einen „Schein" (Z. 11) der Staatsmacht berechtigt, Gehorsam und Unterwerfung einzufordern. Herr Egge befolgt also die

Weisungen des Agenten. Im Unterschied zu Herrn Keuner bekennt er sich aber nicht mit Worten zu seinen Handlungen.

Seine Alternativen

Herr Egge hätte die Frage, ob er dem Agenten dienen werde, mit „Ja“ beantworten können. Er tut dies aus Gewissensgründen nicht. Der Agent deutet das Ausführen seiner Befehle als Einverständnis und wird, verursacht durch das bequeme Dasein, träge und dick. Egge hätte den Gehorsam verweigern können, sowohl mit Taten als auch mit Worten. Er macht das nicht, weil er sonst staatliche Gewaltanwendung ihm gegenüber befürchten müsste. Das ist auch die eigentliche Parallele zwischen Herrn Keuner und Herrn Egge. Beide Figuren retten sich vor Gewaltanwendungen, indem sie ihre eigene Meinung oder Haltung verbergen und verheimlichen. Der Agent nimmt in der Beispielgeschichte von Herrn Egge die Rolle der Gewalt ein. Daher liegt es nahe, wenn man auch in der Geschichte von Herrn Keuner die Gewalt als unmittelbar bedrohliche staatliche Gewalt ansieht.

Aufrichtigkeit und Ehrlichkeit

Obwohl die Handlungen der beiden Figuren gut begründet werden können, ist der Leser der Geschichte *Maßnahmen gegen die Gewalt* verunsichert. Das liegt daran, dass Herr Keuner und Herr Egge unaufrichtig und unehrlich gewesen sind. Das klare und eindeutige Bekenntnis zur eigenen Meinung gilt als vorbildliche Verhaltensweise. In diesem Sinne haben Keuner und Egge keinesfalls vorbildlich gehandelt.

Schluss
Aktualität

Wir leben heute in einer Demokratie, in der die Freiheit der Meinung geschützt ist. Niemand muss befürchten, dass er durch staatliche Gewalt in diesem Recht eingeschränkt wird. Außerdem kann man sich vor Gerichten gegen Entscheidungen wehren. Brechts Text hat dennoch ein hohes Maß an Aktualität. In vielen Alltagssituationen äußern sich Menschen nicht aufrichtig und ehrlich. Man sagt in einer Gaststätte, dass alles sehr gut geschmeckt hat, obwohl das Essen lauwarm auf den Tisch kam. Man lobt das neue Sweatshirt eines Mitschülers, obwohl es einem eigentlich nicht gefällt. Man wird sich auch reiflich überlegen, ob man eine Respektsperson kritisiert, wenn man deren Entscheidungen für falsch hält. Brechts Text ist also auch nach mehr als siebzig Jahren noch aktuell, wenn auch in einem deutlich anderen Sinne als zur Zeit seiner Entstehung.

Digitales Lernen: Das Handy ist kein Spielzeug!

VON CHRISTIAN FÜLLER

Tablets und Apps gehören für sie selbstverständlich zur Schule dazu: In Berlin haben sich Lehrer getroffen, die Vorreiter im digitalen Unterrichten sind. Hier erzählen sie, mit welchen Gadgets[1] und Methoden sie ihre Schüler begeistern.

Ben* und seine Kumpels haben Feuer gefangen. Die Achtklässler beugen sich konzentriert über ihre Tablets, spornen sich gegenseitig an. Sie gestalten ein eigenes digitales Magazin: In der App „Flipboard" schieben sie Videos in ihre Magazinseiten, schreiben Texte dazu. Sie erklären die Welt der Computerspiele, in der sie so viel Zeit verbringen. Sie beschreiben Spiele wie „Dirty Bomb" und „Forza 6", damit auch Nicht-Gamer sie verstehen können. Am Nebentisch bastelt Mahmut mit der App ein multimediales Magazin, das die kritischen Seiten Berlins beleuchtet. „Alle sagen immer, dass Berlin so cool ist – dabei ist es das gar nicht", findet er. Und tippt weiter an seinem digitalen Projekt.

So geht das an diesem Donnerstag Klasse für Klasse in der Berliner Heinrich-von-Stephan-Schule. Rund 30 Lehrer aus ganz Deutschland, die mit moderner Technik im Unterricht viel Erfahrung haben, gestalten im Rahmen der Konferenz „ExcitingEdu" die Schulstunden – und testen das neue Lernen mit allerlei digitalen Gadgets.

[…] Beim „Flipped Classroom" arbeitet der Lehrer mit Videos, in denen die Schüler sich anschauen können, wie er den Stoff erklärt. Sie bekommen das Video schon vor der Stunde, zur Vorbereitung. So hat der Lehrer in der Schule Zeit, mit der Klasse gemeinsam Übungen durchzuarbeiten. Also: Unterricht zu Hause und Hausaufgaben in der Schule. Die Methode hört sich etwas verrückt an, bringt aber an diesem Schultag in Berlin besonders schnelle Erfolge.

„Wir Lehrer dürfen nicht dauernd in die Erklärfalle tappen", sagt Schmidt. „Wir sollten die Verantwortung für das Lernen in die Hände der Schüler geben." Der 13-jährigen Justine gefällt der „Flipped Classroom" so gut, dass sie in der Mathe-Stunde des bayerischen Realschullehrers gleich selbst ein kleines Lehrvideo erstellt.

[…] Die Heinrich-von-Stephan-Schule hat Lehrer mit innovativen Ideen auch eingeladen, um das eigene Kollegium zu schulen. Die Schule richtet den Kongress bereits zum zweiten Mal aus. Die ehemalige Brennpunktschule im Stadtteil Moabit hat sich gewandelt, modernisiert, reformiert.

Trotzdem ist der Fortschritt eine Schnecke. Nach dem ersten Kongress vor zwei Jahren hatte sich die Schule Tablets gekauft, mit Sponsorengeldern. Im Frühjahr wurden die Geräte allesamt gestohlen. Nun hat die Schule neue erworben – bezahlt aus der eigenen Tasche.

Das ist der Haken am digitalen Lernen. Keiner mag es bezahlen. Der Bund darf nicht, die Länder können meistens nicht. Eine Studie hat gerade gezeigt, dass es bis zu 2,6 Milliarden Euro kosten würde, alle deutschen Schulen mit stabilem WLAN und Tablets auszustatten.

Sie fangen trotzdem an

Bei der Lehrerkonferenz sind auch Sponsoren aus der Industrie. Sie machen aber wenig Hoffnung, dass sich die Computer- und Softwarefirmen auch mit Geld an einem „Pakt für digitale Bildung" beteiligen könnten. Einen solchen Pakt aus Bund, Ländern, Gemeinden und Industrie hat Microsoft gerade für Deutschland vorgeschlagen.

Doch selbst Microsoft will dafür offenbar nicht tiefer in die Tasche greifen. […] Weder die Heinrich-von-Stephan-Schule noch digital umtriebige Pädagogen[2] können also darauf bauen, dass die Computerausstattung der Schulen bald besser wird. Aber das ist ihnen egal. Sie fangen trotzdem schon mal an.

* *alle Schülernamen geändert*

Quelle: SPIEGEL Online (gekürzt), Christian Füller, 04. 12. 2015,
http://www.spiegel.de/schulspiegel/digitales-lernen-an-schulen-lehrer-geben-tipps-a-1066141.html
(entnommen am: 02. 02. 2016)

Erläuterungen:

1 Gadgets: kleine technische Apparate
2 „digital umtriebige Pädagogen": im digitalen Unterrichten erfahrene bzw. aktive Lehrkräfte

Arbeitsauftrag

Erörtern Sie das Thema des vorliegenden Textes.

- Fassen Sie den Textinhalt zusammen und zeigen Sie an Beispielen, wie sich in der Gestaltung des Textes die Position des Verfassers widerspiegelt.
- Setzen Sie sich mit dem Thema „digitales Unterrichten" auseinander.

Lösungsvorschlag

Das erörternde Erschließen eines pragmatischen Textes, die sogenannte Texterörterung, besteht aus zwei Teilaufgaben. Ausgehend von der Erschließung eines Sachtextes soll eine Problemstellung erörtert werden.

Die erste Teilaufgabe fordert eine Textuntersuchung und bezieht sich auf den Inhalt, der zusammenzufassen ist, sowie auf die Struktur und Sprache des Textes. Wichtig ist dabei, dass Sie die wesentlichen inhaltlichen Aussagen mit eigenen Worten wiedergeben. Zudem sollen Sie die Gestaltung des Textes im Hinblick auf die Haltung des Verfassers zum Thema untersuchen, das heißt, Sie sollen darstellen, inwiefern sich in der Gedankenführung und in ausgewählten sprachlich-stilistischen Mitteln die Meinung des Autors zeigt. Die zweite Teilaufgabe „Setzen Sie sich […] auseinander" fordert zur eigenen argumentativen Beschäftigung mit dem Thema „digitales Unterrichten" auf. Am Ende sollten Sie zu einer begründeten Stellungnahme gelangen.

Fertigen Sie vor dem Schreiben Ihres Aufsatzes eine Stoffsammlung an. Versuchen Sie hier bereits mit Ihren Worten die zentralen Aussagen der einzelnen Textabschnitte zu erfassen. Notieren Sie auch die strukturellen und sprachlich-stilistischen Besonderheiten des Textes. Die Aufgabenstellung verlangt zwar keine umfassende Analyse der sprachlichen Gestaltung, doch sollen Sie an geeigneten Beispielen zeigen, wie der Verfasser seine eigene Meinung zum Ausdruck bringt.

Für den daran anschließenden eigentlichen Erörterungsteil bringen Sie durch Ihre schulische und auch private Nutzung digitaler Angebote wahrscheinlich vielfältige Erfahrungen zur Problematik mit. Greifen Sie auf diese für Ihre Argumentation zurück, die sich mit den Kernaussagen und Beispielen des Textauszugs beschäftigen soll. Sie kann linear oder dialektisch erfolgen und sollte deutlich Ihre eigene Sicht erkennen lassen.

Einleitung
Hinführung zum Thema des Textes

Lehrer haben es nicht leicht. Kaum haben sie sich mit dem Computer und dem Beamer angefreundet, werden in den Klassenzimmern digitale Tafeln aufgehängt. Da ist mancher erst einmal hilflos und wünscht sich seine Kreidetafel zurück. Wir Schüler sehen das wesentlich entspannter und gehen unseren Lehrern beim Kampf mit der Technik gerne zur Hand. Für uns wäre ein digitaler Unterricht, so wie er an der Berliner Heinrich-von-Stephan-Schule durchgeführt wird, eine wünschenswerte Abwechslung zum Frontalunterricht, den wir häufig erleben. Aber ein solch innovatives Einbeziehen digitaler Medien und Methoden, wie es im Artikel „Digitales Lernen: Das Handy ist kein Spielzeug!" von Christian Füller geschildert wird, erschienen

Titel und Quelle

im Onlineportal des Nachrichtenmagazins „Der Spiegel“, ist noch lange keine Selbstverständlichkeit.

Textuntersuchung Wesentliche Textinhalte, strukturelle und sprachliche Gestaltung

Am Anfang des Artikels geben Beispiele aus dem Projektunterricht der 8. Klassen an der Berliner Schule einen Einblick in die vielfältigen Möglichkeiten digitalen Lernens. Es werden digitale Magazine gestaltet, in denen Schüler ihre Computerspiele oder ihre Stadt multimedial vorstellen. Die Achtklässler sind hochmotiviert und arbeiten konzentriert. „Unterrichtet“ werden sie an diesem Tag von ca. 30 Lehrern aus ganz Deutschland, die als Teilnehmer der Konferenz „ExcitingEdu“ ihre Erfahrungen aus der Arbeit mit modernen Medien einbringen. So z. B. beim „Flipped Classroom“, einem Unterrichtsprojekt, in dem die Schüler vom Lehrer erstellte Lernvideos zu Hause für die Erarbeitung des Lernstoffes nutzen, um diesen dann im Unterricht zu üben und zu festigen. Zur Begründung dieses ungewöhnlichen Wegs der Wissensvermittlung wird ein bayerischer Realschullehrer für Mathematik zitiert: „Wir Lehrer dürfen nicht dauernd in die Erklärfalle tappen [...]. Wir sollten die Verantwortung für das Lernen in die Hände der Schüler geben.“ (Z. 45–49) Dass das gelingen kann, weist der Autor Christian Füller am Beispiel der 13-jährigen Justine nach, die gleich selbst ein solches Lehrvideo erstellt hat (vgl. Z. 49 ff.).

Außerdem verweist der Autor auf einen weiteren positiven Effekt des Kongresses: Die eingeladenen, digital aktiven Lehrer schulen auch das Kollegium der Heinrich-von-Stephan-Schule. Und so habe sich die Berliner Brennpunktschule insgesamt gut entwickelt, wie die Aufzählung „gewandelt, modernisiert, reformiert“ (Z. 62 f.) bekräftigen soll.

Die Metapher „Trotzdem ist der Fortschritt eine Schnecke“ (Z. 64 f.) macht jedoch deutlich, dass digitales Unterrichten offensichtlich noch immer schwierig umzusetzen ist. 2,6 Milliarden Euro, beziffert der Autor unter Rückgriff auf eine aktuelle Studie, würde es kosten, um alle deutschen Schulen mit effizientem WLAN und Tablets auszustatten (vgl. Z. 75–79). Niemand will das jedoch zahlen und der sogenannte „Pakt für digitale Bildung“, an dem sich Bund, Länder, Gemeinden und Industrie beteiligen sollen, ist bisher nicht mehr als ein Vorschlag des Unternehmens Microsoft (vgl. Z. 81–90). So wird erneut klar, dass Christian Füller den Einsatz der Schulen und Lehrer für mehr digitales Unterrichten befürwortet, wenn er den zuvor anschaulich geschilderten positiven Effekten nüchtern die

Zusammenfassung der Autorposition

noch fehlende finanzielle Unterstützung gegenüberstellt. Der Artikel endet mit den Sätzen „Aber das ist ihnen egal. Sie fangen trotzdem schon mal an“ (Z. 97–99), womit der Autor das besondere Engagement der beteiligten Lehrer hervorhebt.

Erörterung
Eigene Erfahrungen mit digitalem Unterricht

Auch ich kenne solche Lehrer. Sie bemühen sich um einen modernen, medial unterstützten Unterricht. Das tun sie, um uns zu motivieren und uns zu besseren Lernergebnissen zu bringen. Dabei nehmen sie größere Vorbereitungszeiten in Kauf und riskieren Unannehmlichkeiten wie nicht funktionierende Technik, zu langsame oder ausfallende Internetverbindungen sowie eigene Schwierigkeiten beim Umgang mit den Medien. Letzteres ist meiner Ansicht nach das geringste Problem, denn wir Schüler helfen gern, wenn wir von den Lehrern gebeten werden, ein technisches Problem zu lösen. Ist die Technik an Schulen jedoch total veraltet und lässt der Internetzugang zu wünschen übrig, dann führt das schon manchmal dazu, dass Lehrer entnervt aufgeben.

Schwierigkeiten beim Medieneinsatz

Ich kann das einerseits verstehen, hoffe aber andererseits, dass sich unsere Lehrer nicht entmutigen lassen. Schließlich ist ein Unterricht, in dem digitale Gadgets genutzt werden, für uns Schüler oftmals anschaulicher und motivierender.

Vorteile digitalen Unterrichts: Anschaulichkeit und Motivation

So kann ich mich zum Beispiel gut an ein Unterrichtsprojekt im Deutschunterricht der Klasse 6 erinnern. Während die Schüler der Parallelklassen ihre langen Balladen einfach nur auswendig lernen mussten, haben wir Hörspiele daraus produziert. Am Ende wussten wir sehr viel über diese Textgattung und hatten dazu noch Spaß. In Klasse 8 war es dann die Arbeit an einem Radiofeature, für das wir Texte zum Thema „Lebensträume“ geschrieben, zusammengestellt, vertont und aufgenommen haben. Das Ergebnis erfreute nicht nur uns, sondern auf CD gebrannt auch unsere Eltern. Am wichtigsten war dabei aber der Weg zum Ziel, denn wir haben alle eifrig mitgearbeitet. Auch die Schüler, die den Deutschunterricht sonst eigentlich nicht so mögen, wollten einen Text für das Feature schreiben oder Texte wirkungsvoll vortragen.

Unterrichtsbeispiele

Hörspiel und Radiofeature

Mehr Interesse, bessere Mitarbeit

Besonders toll finde ich es, wenn Lehrer das Handy zielgerichtet in ihren Unterricht einbeziehen – genau so, wie es Christian Füller in seiner Überschrift „Digitales Lernen: Das Handy ist kein Spielzeug!“ sagt. In solchen Stunden heißt es dann nicht, dass das Smartphone in der Schule auszuschalten ist, so wie es die Hausordnung eigentlich vorschreibt. Stattdessen dürfen wir

Sinnvoller Einsatz des Handys im Unterricht für Recherchen, Fotografien, Videos etc.

es ganz offiziell nutzen, um im Internet zu recherchieren, Fotos zu machen oder Texte und Videos aufzunehmen. Auf diesem Weg haben wir schon manche wertvolle Präsentation angefertigt oder selbst Lernmaterial erstellt.

Alles in allem wünsche ich mir, dass es in Zukunft noch mehr solch interessante Projekte an unseren Schulen geben wird. Das heißt nicht, dass in der Schule plötzlich auf Bücher, Papier und Stifte verzichtet werden soll. Doch könnten Laptops oder Tablets als Hilfsmittel den Unterricht oft effizienter und abwechslungsreicher gestalten. Immerhin wird später im Berufsleben auch von uns erwartet, dass wir verschiedene Medien zielgerichtet einsetzen können. Allerdings müsste dazu an den Schulen in moderne Technik – in Hardware und Software – investiert werden. Auch die Fortbildung der Lehrer kostet Geld. Eine solche Investition in unsere Ausbildung und damit in unsere Zukunft sollte jedoch allen wichtig sein.

Schluss
Hoffnung auf zukünftig bessere Bedingungen und Appell

Sachsen – Besondere Leistungsfeststellung 10. Klasse Deutsch
Übungsaufgabe 7: Freie Erörterung

Oliver Goldsmith (1730–1774)
„In einem zivilisierten Zeitalter wird fast jedermann zum Leser und empfängt durch Bücher mehr Unterweisungen als von der Kanzel."

Arbeitsauftrag

Erörtern Sie, ob in unserer heutigen, von elektronischen Medien geprägten Gesellschaft Bücher noch immer entscheidende Bedeutung als Vermittler von Informationen und Bildung haben. Beziehen Sie das Zitat des irischen Schriftstellers Oliver Goldsmith in geeigneter Weise ein.

Lösungsvorschlag

Der Arbeitsauftrag gibt Ihnen das zu erörternde Thema genau vor: Sie sollen sich zur gegenwärtigen Bedeutung von Büchern als Vermittler von Information und Bildung äußern. Diese Fragestellung ist sehr berechtigt, denn das Buch als Medium konkurriert anders als in früheren Zeiten mit den elektronischen Medien Internet, Fernsehen und Rundfunk. Zusätzlich liegt Ihnen ein Zitat des irischen Schriftstellers Oliver Goldsmith vor, das Sie einbeziehen sollen. Für die Lösung der Aufgabe gibt es viele unterschiedliche Möglichkeiten. Die Themenformulierung fordert eine dialektische Erörterung. Günstig ist es, wenn Sie die Bedeutung der unterschiedlichen Medien als Informationsträger hinsichtlich ihrer Vor- und Nachteile systematisch untersuchen. Dabei beziehen Sie Beispiele und eigene Erfahrungen ein. Das macht Ihren Aufsatz anschaulich und nachvollziehbar. Formulieren Sie in klaren und überschaubaren Sätzen. Den Inhalt des Zitats von Goldsmith sollten Sie mit eigenen Worten erklären und berücksichtigen, dass der Autor in der Epoche der Aufklärung lebte, in der die Verbreitung von Büchern erheblich zunahm. Der Bezug zum Zitat kann sowohl in der Einleitung als auch im Hauptteil der Erörterung hergestellt werden. Im folgenden Aufsatzbeispiel wurde die letztere Variante gewählt, weil das Zitat von Goldsmith nur einen Teilbereich des wesentlich umfassenderen Erörterungsauftrages thematisiert. Im Schlussteil des Aufsatzes fassen Sie Ihre Ergebnisse zusammen. Ihr Urteil über die aktuelle Bedeutung des Mediums Buch sollte keinesfalls einseitig ausfallen, sondern die stark veränderte Medienlandschaft insgesamt berücksichtigen.

Unsere Gesellschaft ist auf dem Weg von einer Industriegesellschaft zu einer Informationsgesellschaft. Derjenige, der zum richtigen Zeitpunkt über geeignete Informationen verfügt, hat Vorteile gegenüber anderen Menschen. Zur Gewinnung dieser Informationen stehen viele Möglichkeiten zur Verfügung. Unsere Medienlandschaft erscheint heute schon fast unüberschaubar. Dutzende Fernseh- und Rundfunkkanäle überschütten uns geradezu mit Informationen. Im Internet findet man viele Fakten zu fast jedem beliebigen Thema. Das aktuelle Angebot in Zeitschriftenläden füllt mehrere Regale. Vor diesem Hintergrund ist natürlich die Frage berechtigt, ob dem traditionellen Medium Buch tatsächlich noch eine wichtige Funktion als Vermittler von Informationen zukommt oder ob heute andere Medien dem Buch den Rang abgelaufen haben.

Einleitung
Gesellschaftlicher Wandel und Medienvielfalt

Für mich vergeht eigentlich kaum ein Tag, an dem ich nicht mehr oder weniger intensiv mit Büchern beschäftigt bin. Das beginnt morgens beim Packen meiner Schultasche: Die für den Unterricht des Tages notwendigen werden eingepackt, die nicht benötigten ins Regal gestellt. In der Schule finden die Lehrbücher häufig Verwendung, entweder als Anschauungsmaterial oder als Informationsquelle. Besonders für Gruppenarbeitsphasen bringen Lehrer weitere Bücher mit. Die Bibliothek meiner Heimatstadt besuche ich regelmäßig, allerdings hauptsächlich für die Ausleihe von Musik-CDs und Filmen. Einige meiner Mitschüler lesen in Ihrer Freizeit wahrscheinlich mehr als ich. Meine Eltern besitzen ziemlich viele Bücher, sowohl Sachliteratur als auch Romane. Ein mehrbändiges Lexikon nutze ich öfter bei der Erledigung meiner Hausaufgaben. Man kann also schon an dieser Stelle sagen, dass Bücher für mich als Informationsquelle ziemlich bedeutsam sind.

Hauptteil
Eigene Erfahrung mit Büchern als Informationsträgern

Oft benötigt man spezielle Informationen für einen bestimmten Zweck, zum Beispiel bei der Vorbereitung eines Schülervortrages. Hier spielen meiner Meinung nach Daten aus dem Internet und von CD-ROMs die Hauptrolle. Wenn in dem Vortrag nur Informationen zu einem Künstler oder zu einem bestimmten naturwissenschaftlichen Thema verlangt sind, dann kann man diese meist schnell bekommen. Geeignet sind hierfür vor allem elektronische Nachschlagewerke auf CD und Internetangebote wie Wikipedia. Die Information findet man aber auch oft in einem gedruckten Lexikon. Der Vorteil der elektronischen Medien besteht insbesondere darin, dass man die entspre-

Nutzung von Internet und Büchern bei der schulischen Arbeit: Vorbereitung eines Referats

chenden Seiten speichern, bearbeiten, ausdrucken oder in anderer Weise weiterverwenden kann. Anders ist die Situation, wenn man für ein Referat eine umfassendere Problemstellung bearbeiten muss. Dann ist es vielleicht günstiger, wenn man in einer Bibliothek Bücher und Zeitschriften ausleiht oder den Vortrag gleich in der Bücherei vorbereitet. Dort stehen, jedenfalls in meiner Heimatstadt, sogar kostenfreie PC-Arbeitsplätze zur Verfügung.

Nutzung von Fernsehen und Rundfunk als Informationsträger

Im Radio kann man sich aktuell in Nachrichtensendungen über das Tagesgeschehen sowie über Wetter, Staus auf Autobahnen und Sportereignisse informieren. Wenn man Informationen für bestimmte Zwecke benötigt, kann man dieses Medium meiner Meinung nach nicht nutzen. Das trifft auch auf Fernsehsendungen zu. Es laufen zwar öfter Beiträge über interessante Themen, zum Beispiel aus den Bereichen Tierwelt und Umweltschutz. Da man aber nicht wie in einem Buch oder auch im Internet etwas mehrmals lesen kann, bleiben die mitgeteilten Informationen meist auch nicht gut im Gedächtnis haften. Das Mitschneiden von Sendungen löst dieses Problem auch nicht. Der Vorteil der Informationen aus dem Fernsehen besteht vor allem in der Anschaulichkeit, man kann im Film eben viele Vorgänge so zeigen, wie sie in der Wirklichkeit ablaufen.

Zeitungen und Zeitschriften

Meine Eltern haben eine Tageszeitung abonniert, und sie lesen diese auch regelmäßig. Mir genügen für die aktuelle Information eigentlich die Nachrichtensendungen im Radio. Für spezielle Informationszwecke ist die Zeitung wenig geeignet, weil nur selten gerade über das Thema berichtet wird, zu dem man Informationen benötigt. In Zeitschriften muss man sicherlich mit großem Aufwand suchen, bis ein geeigneter Artikel gefunden ist.

Internet und PC als wichtigste Informationsquellen

Beim Vergleich der unterschiedlichen Informationsmedien komme ich zu dem Schluss, dass das Internet in unserer Zeit die wichtigste Informationsquelle ist. Computer sind für alle Schüler im Schulgebäude vorhanden. Auch die Informatikräume stehen außerhalb des Unterrichts zur Verfügung. Aus eigener Erfahrung weiß ich allerdings, dass die Computer nicht ausschließlich als Informationsquelle genutzt werden. Spiele aller Art, Chatrooms und auch das Downloaden und Austauschen von Musik im MP3-Format haben eigentlich nicht sehr viel mit der Nutzung des Internets als Informationsträger zu tun. Ein weiteres Problem des Internets besteht darin, dass viele Seiten kostenpflichtig sind. Der Preis einer bestimmten Internetseite sagt allerdings noch nicht unbedingt etwas über deren Qualität aus.

Das Zitat von Goldsmith

Einen wichtigen Vorteil des Buches thematisiert das Zitat von Oliver Goldsmith. Dieser irische Schriftsteller, ein Zeitgenosse Gotthold Ephraim Lessings, lebte in der Epoche der Aufklärung. Ebenso, wie das Internet heute einer immer größeren Zahl von Nutzern immer mehr Informationen zur Verfügung stellt, gehörte die Wissensvermittlung an breite Schichten zu den Zielen jener Zeit. Goldsmith meint, dass in einem zivilisierten Zeitalter fast jeder zum Leser würde und dass man aus Büchern mehr „Unterweisung" als aus sonntäglichen Predigten empfangen könne. Sicher sieht er seine eigene Zeit, also das 18. Jahrhundert, als eine solche zivilisierte Zeit an, in der jedermann des Lesens mächtig ist oder wenigstens sein sollte. Der Begriff der „Unterweisung" beinhaltet neben der Vermittlung von Information auch eine umfassende Bildung des Lesers. Hinsichtlich der Vermittlung von Bildung und Wissen stellt Oliver Goldsmith die Lektüre von Büchern den Predigten der Pfarrer seiner Zeit gegenüber. Meiner Meinung nach schätzt er die Qualität der Unterweisung durch ein Buch deutlich höher ein.

Vielseitigkeit und Tiefgründigkeit von Büchern

Das liegt wahrscheinlich daran, dass man in Büchern umfangreiche Problemfelder und Sachverhalte tiefgründig und vielseitig darstellen kann. Der Leser wird aufgeklärt im besten Sinne des Wortes und gelangt zu einem eigenen Urteil. Predigten verfolgten dagegen eher eine einseitige, die Positionen der Kirche stützende Richtung.

Der Gedanke, dass Bücher wegen ihres Umfangs und der Möglichkeit einer tief gehenden Auseinandersetzung mit dem jeweiligen Thema ihre Leser in besonderer Weise bilden, ist auch heute bedeutsam und macht Bücher unverzichtbar.

Auf Empfehlung meines älteren Bruders habe ich vor kurzem ein Buch gelesen, in dem die Entwicklung unseres Weltalls erklärt wird. Ich kann mir nicht vorstellen, dass ein anderes Medium als das Buch in der Lage wäre, derartige komplizierte Informationen anschaulich und nachvollziehbar zu vermitteln. In diesem Zusammenhang scheint mir auch interessant, dass im Handel umfangreiche Literatur in Buchform über Computersoftware angeboten wird.

Zusammenfassend komme ich zu dem Urteil, dass das Buch wie schon seit mehreren Jahrhunderten ein wichtiges Informationsmittel darstellt. Es wäre sonst auch nicht erklärbar, dass es in fast jeder Stadt eine öffentliche Bibliothek und Buchhandlungen gibt. Selbst über das Internet werden Bücher erfolgreich vertrieben. Das Buch hat aber insgesamt an Bedeutung verloren, weil Fernsehen und Internet nahezu unbegrenzt verfügbar sind. Oft richtet sich die Auswahl des geeigneten Mediums nach dem Zweck, für den man die Informationen benötigt. Bücher werden auch in Zukunft nicht generell ersetzt werden. Aus meiner Sicht ist es wichtig, dass man schriftlich dargestellte Informationen für eigene Tätigkeiten erschließen und verwenden kann. Ob die Buchstaben auf einer Buchseite oder von einem Bildschirm gelesen werden, ist dagegen zweitrangig.

Schluss
Zusammenfassung, eigene Position:

Das Buch hat als Informationsmedium an Bedeutung verloren, bleibt aber unersetzbar

Sachsen – Besondere Leistungsfeststellung 10. Klasse Deutsch
Übungsaufgabe 8: Gestaltende Interpretation

Theodor Fontane (1819–1898):
Herr von Ribbeck auf Ribbeck[1] im Havelland (1889)

Herr von Ribbeck auf Ribbeck im Havelland,
Ein Birnbaum in seinem Garten stand,
Und kam die goldene Herbsteszeit
Und die Birnen leuchteten weit und breit,
Da stopfte, wenn's Mittag vom Turme scholl,
Der von Ribbeck sich beide Taschen voll,
Und kam in Pantinen ein Junge daher,
So rief er: „Junge, wiste 'ne Beer?"
Und kam ein Mädel, so rief er: „Lütt Dirn,
Kumm man röwer, ick hebb 'ne Birn[2]."

So ging es viel Jahre, bis lobesam[3]
Der von Ribbeck auf Ribbeck zu sterben kam.
Er fühlte sein Ende. 's war Herbsteszeit,
Wieder lachten die Birnen weit und breit,
Da sagte von Ribbeck: „Ich scheide nun ab.
Legt mir eine Birne mit ins Grab."
Und drei Tage drauf, aus dem Doppeldachhaus,
Trugen von Ribbeck sie hinaus,
Alle Bauern und Büdner mit Feiergesicht
Sangen „Jesus meine Zuversicht",
Und die Kinder klagten, das Herze schwer:
„He is dod nu[4]. Wer giwt uns nu 'ne Beer?"

So klagten die Kinder. Das war nicht recht,
Ach, sie kannten den alten Ribbeck schlecht,
Der neue freilich, der knausert und spart,
Hält Park und Birnbaum strenge verwahrt.
Aber der alte, vorahnend schon
Und voll Misstrauen gegen den eigenen Sohn,
Der wusste genau, was damals er tat,
Als um eine Birn' ins Grab er bat,
Und im dritten Jahr, aus dem stillen Haus
Ein Birnbaumsprössling sprosst heraus.

Und die Jahre gehen wohl auf und ab,
Längst wölbt sich ein Birnbaum über dem Grab,
Und in der goldenen Herbsteszeit
Leuchtet's wieder weit und breit.
Und kommt ein Jung' übern Kirchhof her,
So flüstert's im Baume: „Wist 'ne Beer?"
Und kommt ein Mädel, so flüstert's: „Lütt Dirn,
Kumm man röwer, ich gew di 'ne Birn."

So spendet Segen noch immer die Hand
Des von Ribbeck auf Ribbeck im Havelland.

Quelle: *Deutsche Lyrik von Luther bis Rilke.*
Digitale Bibliothek. Bd. 75.
Berlin 2002, S. 27940 f.

Erläuterungen:
1 Dorf mit Gutsbesitz westlich von Berlin
2 „Mädchen, komm her, ich habe eine Birne für dich."
3 tüchtig, schließlich
4 „Jetzt ist er tot."

Arbeitsaufträge

1. Schreiben Sie eine knappe Zusammenfassung des Balladeninhalts.
2. Stellen Sie sich vor, dass eines der Kinder Schriftsteller geworden ist und Jahrzehnte später seine Lebenserinnerungen aufschreibt. Gestalten Sie einen Ausschnitt aus diesen Lebenserinnerungen, der sich auf die Kindheit im Dorf und auf den alten Herrn von Ribbeck bezieht.

Lösungsvorschlag

Der Arbeitsauftrag bei dieser Übungsaufgabe zur gestaltenden Interpretation ist zweigeteilt. Sie sollten die beiden Lösungen in je einem eigenständigen Aufsatzteil ausführen. Die erste Teilaufgabe, die Inhaltszusammenfassung der Ballade, lösen Sie, indem Sie die wesentlichen Handlungselemente (die Freigebigkeit des alten Ribbeck; der Geiz seines Sohnes; der Tod des alten Ribbeck; der Birnbaum auf dem Grab) und Figuren (der alte Ribbeck und sein Sohn; die Dorfkinder) beschreiben. Eine Analyse der lyrischen Situation und der künstlerischen Gestaltungsmittel ist nicht erforderlich.
Die zweite Teilaufgabe, die eigentliche Gestaltungsaufgabe, ist der wesentlich anspruchsvollere Aufsatzteil. Sie sollen das Geschehen aus der Sichtweise eines der beteiligten Kinder wiedergeben. Dessen Abstand zur Handlung der Ballade ist sehr groß, weil Lebenserinnerungen (Memoiren) als Textsorte gefordert sind. Die Aufgabe gibt vor, dass eines der Kinder Schriftsteller geworden ist und Jahrzehnte nach dem Geschehen seine Erinnerungen niederschreibt. Damit geht einher, dass das Verhalten der Figuren bewertet werden muss. Die Darstellungen müssen gut gegliedert und weitgehend hochsprachlich formuliert sein. Sie können Vorstellungen zur Familie und zur Kindheit des Schriftstellers erfinden und in Ihren Aufsatz einbeziehen. Es dürfen aber keine Widersprüche zum Text des Gedichts auftreten.

Teilaufgabe 1
Zusammenfassung des Balladeninhalts

Theodor Fontanes Ballade *Herr von Ribbeck auf Ribbeck im Havelland* handelt von einem ungewöhnlichen adligen Gutsbesitzer. Wenn im Herbst die Birnbäume in seinem Garten reiche Frucht tragen, dann stopft er sich alle Taschen damit voll. Zur Mittagszeit geht er zielgerichtet ins Dorf, spricht arme Bauernkinder an und schenkt Ihnen die Birnen. Sein Sohn und Nachfolger ist dagegen im Dorf als geizig und engherzig bekannt. Als schließlich der alte Gutsherr stirbt, bestätigen sich die Befürchtungen der Kinder zunächst, sie bekommen keine Birnen mehr geschenkt. Auch der Schlosspark mit den Birnbäumen wird nun verschlossen. Der alte Herr von Ribbeck hatte sich aber vorausschauend eine Birne mit in sein Grab legen lassen. Nach drei Jahren geht dort auf dem Grabhügel ein neuer Birnbaum auf und wächst heran. Da der Friedhof für alle Dorfbewohner frei zugänglich ist, können die Kinder zur Herbstzeit wieder Birnen genießen. Dabei denken sie gern an den verstorbenen alten Herrn zurück.

Kinderjahre in Ribbeck

Teilaufgabe 2
Überschrift

Familiensituation

Meine gesamte Kindheit verbrachte ich in dem kleinen Dorfe Ribbeck im Havelland einige Meilen westlich von Berlin. Vater und Mutter waren arme Landarbeiter. Ihr spärliches Einkommen erwarben Sie durch schwere Feldarbeit auf dem Gut Ribbeck. Zu unserem kleinen Haus gehörte ein Garten, in dem meine Eltern vor allem Kartoffeln, Rüben und verschiedenes Gemüse für die eigene Winterversorgung anbauten. Für Obstbäume war kein Platz, diese hätten wohl auch zu viel Licht von den Beeten weggenommen.

Lebenssituation der Kinder

Mein Bruder und meine beiden Schwestern mussten häufig bei der Haus- und Gartenarbeit helfen. Zur Erntezeit halfen wir Mutter und Vater auf den Feldern des Gutes, weswegen in den Sommermonaten der Unterricht in unserer Dorfschule ausfiel. Dort lernten mehr als 50 Kinder im Alter zwischen sechs und vierzehn Jahren. Die meisten meiner Kameraden hatten wie ich keine ledernen Schuhe, dafür trugen wir im Herbst und Winter Holzpantinen, im Sommer gingen wir barfuß.

Die Dorfmitte

Die Schule mit nur einem Unterrichtsraum und der Lehrerwohnung im Obergeschoss lag in der Mitte des Dorfes. Unmittelbar gegenüber sah man den Friedhof mit seiner Mauer, in dessen Mitte die Kirche. Eine weitere, viel dickere, höhere und breitere Mauer umgab den Schlosspark, das große Dach des Schlosses ragte steil nach oben.

Die Schlossbewohner und der junge Herr

Den adligen Damen und Herren aus dem Schloss in ihrer vornehmen Kleidung gingen wir meist aus dem Weg. Besonders war der junge Herr von Ribbeck gefürchtet, auch unser Vater schimpfte beim Abendessen viel auf ihn. Öfter zog er Beträge von dem geringen Tagelohn ab, nur weil ein Arbeiter wenige Minuten zu spät nach der Pause zur Arbeit zurückkehrte oder weil einem anderen ein Hackenstiel zerbrochen war. Das Mittagessen, ein Bestandteil des Lohnes, war so knapp, dass man bereits nach zwei Stunden wieder Hunger hatte.

Der alte Herr von Ribbeck

Ein ganz anderer Mensch war der alte Herr von Ribbeck, der Vater des Geizhalses. Jeden Tag spazierte er nach dem Mittagsgeläut vom Schloss über den Friedhof zur Schule. Dabei begegnete er uns auf dem Weg nach Hause. Er sprach als einziger Schlossbewohner unsere plattdeutsche Muttersprache. Mit dem Pfarrer und mit dem Lehrer redete er aber nicht so, sondern in einem etwas komisch klingenden Hochdeutsch. In seinen vielen tiefen Taschen hatte er auch immer irgendwelche Leckerbissen, ein paar Kekse, Bonbons oder anderes Naschwerk. Diese verteilte er freigebig und regelmäßig an uns Kinder. In der Herbstzeit steckten seine Taschen voller Obst aus dem Schlossgarten. Obst war für uns ein sehr seltener Genuss, weil Äpfel und Birnen gut auf den Märkten in Berlin und Potsdam verkauft werden konnten. Besonders süß und saftig schmeckten die großen, gelben Birnen, die nur im Schlosspark wuchsen.

Der Tod des alten Ribbeck

An einem Herbstag, wir freuten uns schon alle auf die Birnen, ging im Dorf das Gerücht um, dass der alte Gutsherr im Sterben liege. Drei Tage später trug man seinen Sarg zum Totengottesdienst vom Schloss durch den Park zur Kirche. Die Bauern und armen Leute waren alle gekommen, und der Choral „Jesus meine Zuversicht“ schallte durch den Raum. Mein Vater sang so laut wie nie und am Abendbrottisch wurde davon gesprochen, dass der junge von Ribbeck jetzt noch geiziger und herzloser auf dem Gutshof schalten und walten würde. So kam es auch. Für uns Kinder gab es jetzt kein Naschwerk mehr, keine Äpfel und keine gelben, süßen Birnen.

Der Birnbaum auf dem Grab

Wenn ich, was öfter geschah, mich um die Gräber meiner Großeltern auf dem Friedhof kümmern sollte und allein dorthin ging, dann lief ich einen kleinen Umweg zum Grab des alten Ribbeck. In mir kamen dann die Erinnerungen an die freundlichen Gespräche und an die kleinen Gaben hoch. Im dritten Jahr nach dem Tod sah ich zum ersten Mal den jungen Baum auf dem Grabhügel. Ich ging näher heran und erkannte an den Blättern, dass es ein Birnbaum sein musste. Nach zwei weiteren Jahren trug er gelbe Früchte. Es waren dieselben großen und saftigen Birnen, mit denen uns einst der Herr von Ribbeck beschenkt hatte. Der Baum steht nun schon seit mehr als fünfzig Jahren auf dem Grab. In jedem Jahr trägt er so viele Früchte, dass alle Jungen und Mädchen im Dorf genug davon bekommen, wenn sie nur über den Friedhof gehen.

Bewertung des Geschehens

Für mich ist dieser geheimnisvolle Baum ein kleines Wunder Gottes. Vielleicht hat aber auch der alte Ribbeck seinem knauserigen Sohn ein Schnippchen geschlagen.

Material 1: Medienscouts – ein gutes Beispiel für Peer-Education in der Schule

Medienscouts sind in der Regel Schüler*innen der Mittel- und Oberstufe, die ein persönliches Interesse am Umgang und der Auseinandersetzung mit (digitalen) Medien haben und sich nach entsprechender Ausbildung zumeist außerhalb des Unterrichts im Kontext Medienkompetenzförderung freiwillig engagieren. Die Arbeitsbereiche von Medienscouts variieren dabei zum Teil stark und können auch über Aktivitäten an der eigenen Schule hinausreichen.

Medienscout-Arbeit verfolgt i. d. R. einen so genannten Peer-to-Peer-Ansatz: Peer steht für „Gleichaltrige“ bzw. „Gleiche“ – entsprechend ist Peer-Education eine Methode, bei der ausgebildete Kinder und Jugendliche mit anderen Kindern und Jugendlichen in eine Lehr-Lern-Beziehung treten, dabei Neues beibringen und unterstützen, das aktuelle Handeln zu reflektieren. Als fast Gleichaltrige und Gleichgesinnte sprechen Peers die gleiche Sprache, teilen gemeinsame Codes und nutzen ähnliche Medien.

Für die Medienscout-Arbeit peer-to-peer ergeben sich einige Vorteile:

- Die Kommunikation kann „auf Augenhöhe“ erfolgen.
- Medienscouts können sich aufgrund des geteilten Erfahrungsraums besser in „ihresgleichen“ hineinversetzen und so die Anliegen anderer Kinder und Jugendlicher tatsächlich nachvollziehen.
- Die Hemmschwelle, Probleme gegenüber Gleichaltrigen anzusprechen, ist oft geringer. Das erleichtert die Auseinandersetzung und Bearbeitung.

Peer-to-Peer-Projekte sind darüber hinaus zumeist mit umfangreichen Lernprozessen verknüpft: Indem Kinder und Jugendliche in die Rolle von Lehrenden bzw. Lernbegleiter*innen versetzt werden, festigen sie vorhandene Kenntnisse, bauen Wissen aus und erwerben vielfältige soziale und kommunikative Kompetenzen (z. B. im Team arbeiten, Anliegen formulieren). Zudem sammeln sie wertvolle Erfahrungen mit Blick auf kreative Teilhabe, demokratische Prozesse und Selbstwirksamkeit. Für all das braucht es jedoch auch Raum zum Ausprobieren – Unterrichtskontexte, die mit Leistungsdruck und Notengebung verknüpft sind, eignen sich dafür nur bedingt.

Quelle: Claudia Kuttner (2020): Leitfaden. Medienscouts an Schulen – Empfehlungen für die Ausbildung und Arbeit. Herausgegeben vom Landesamt für Schule und Bildung (LaSuB), Lizenzierung: CC-BY 4.

Material 2: Auf Augenhöhe beraten

Warendorf – Das Mariengymnasium Warendorf verfügt über echte Medienkompetenz. So viel ist sicher. Zum dritten Mal wurde die Schule jetzt ausgezeichnet

Für das Schuljahr 2020/2021 wurde die Arbeit der Medienscouts am Mariengymnasium Warendorf zum dritten Mal in Folge mit dem begehrten Abzeichen „Medienscouts NRW-Schule" ausgezeichnet. Das Abzeichen gilt für ein Schuljahr und wird durch die Landesanstalt für Medien NRW verliehen. Mit diesem Abzeichen werden Schulen ausgezeichnet, die sich besonders für die Vermittlung von Medienkompetenz engagieren und die entsprechende Arbeit erfolgreich in der Schulpraxis umsetzen.
Die Medienscouts am Mariengymnasium setzen sich aus der Schülerschaft der Jahrgangsstufen acht bis Q1 zusammen. Sie sind Ansprechpartner für Schülerinnen und Schüler, Eltern und Lehrpersonen bezüglich Fragen und Probleme rund um das Thema Medien.

Ansprechpartner auf Augenhöhe

Der Leitgedanke des Projekts ist es, dass die dafür ausgebildeten Jugendlichen als Ansprechpartner auf Augenhöhe für ihre Mitschüler zur Verfügung stehen. Häufige Themen hierbei sind urheberrechtliche Fragen, aber auch die Prävention und Bekämpfung von Cybermobbing. Bei dieser verantwortungsvollen Arbeit stehen der Schülergruppe zwei ebenfalls ausgebildete Beratungslehrerinnen, Dr. Marina Mertens und Dr. Rebecca Brebeck, zur Seite. Seit 2016 nimmt das Mariengymnasium an dem NRW-weiten Projekt Medienscouts NRW der Landesanstalt für Medien NRW teil. Hierbei steht die Prävention an erster Stelle.
Doch wie sieht die Arbeit der Medienscouts am Mariengymnasium nun konkret aus? Sie führen am Mariengymnasium neben der individuellen Beratung sowie Klassenberatung bei akuten Problemen auch weitere, regelmäßige Projekte durch.
In den neuen fünften Klassen leiten sie Workshops zu sozialen Netzwerken und Messengern. Hierbei erarbeiten sich die Fünftklässler unter Anleitung der Medienscouts, wie sie Privatsphäre-Einstellungen vornehmen und dem Stress durch beispielsweise WhatsApp entgehen können. Zudem entwickeln die Klassen mit den „Medien-Experten" gemeinsam Verhaltensregeln bei Klassenchats. In den Klassen der Jahrgangsstufe sechs wird in Zusammenarbeit mit dem Fach Politik ein Projekt zu Fake News durchgeführt.
Neben der Arbeit im Unterricht informieren und beraten die Medienscouts am Mariengymnasium in Zusammenarbeit mit Medienpädagogen im Rahmen von Elternabenden auch Eltern, beispielsweise zu Themen wie Internet und Smartphone sowie Smartphone-, Konsolen- und Computerspiele.

Quelle: Dr. Marina Merten, Dr. Rebecca Brebeck / Mariengymnasium Warendorf: Auf Augenhöhe beraten, erschienen in: Westfälische Nachrichten Online vom 13. 01. 2021

Material 3: Medienbeschäftigung Jugendlicher in der Freizeit (JIM-Studie 2020)

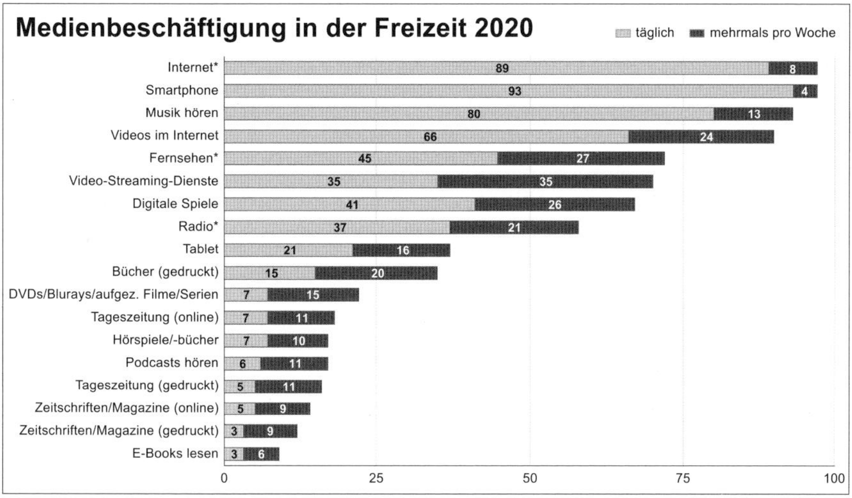

Angaben in Prozent; * egal über welchen Verbreitungsweg; Basis: alle Befragten, n = 1 200

Quelle: JIM-Studie 2020; https://www.mpfs.de/fileadmin/files/Studien/JIM/2020/JIM-Studie-2020_Web_final.pdf

Arbeitsaufträge

Im Schülerrat Ihrer Schule wird gerade darüber nachgedacht, welchen Beitrag Schülerinnen und Schüler aktiv leisten können, um schulische Medienbildung voranzubringen. Dabei geht es um die Idee, eine Schülergruppe zusammenzustellen, die in einem Peer-to-Peer-Ansatz als Medienscouts aktiv wird. Sie haben als Mitglied des Schülerrates die Aufgabe, einen Artikel für die Schülerzeitung zu schreiben, um in der Schulgemeinschaft Interesse am Projekt zu wecken und eine Diskussion zur Umsetzung der Ideen anzuschieben.

1. Stellen Sie aus dem bereitgestellten Material stichpunktartig Informationen zum Thema „Medienscouts“ zusammen.
2. Schreiben Sie unter Einbeziehung dieser Informationen einen inhaltlich und sprachlich eigenständigen Artikel für die Schülerzeitung, in dem Sie über die Idee, Medienscouts an Ihrer Schule einzusetzen, informieren und Vorschläge zur Umsetzung dieses Peer-to-Peer-Projektes unterbreiten.

Die Aufgaben sind separat zu lösen. Den Schwerpunkt bildet die Aufgabe 2.

Lösungsvorschlag

Beim adressatenbezogenen Schreiben auf der Basis des untersuchenden Erschließens pragmatischer Texte geht es um die Einbeziehung von Informationen aus gegebenen Materialien für die eigene Schreibaufgabe. Eine solch komplexe Aufgabe verlangt erst einmal eine genaue Analyse der Aufgabenstellung. Ihnen liegen nach einem einführenden Hinweis zwei Arbeitsaufträge vor.
Der einführende Hinweis erläutert, worum es geht: Sie sollen als Mitglied des Schülerrates helfen, ein Medienscout-Projekt an Ihrer Schule anzuschieben, in dem sich Schülerinnen und Schüler in einem Peer-to-Peer-Ansatz einbringen können. Der Schwerpunkt Ihrer Arbeit besteht dabei im Verfassen eines Beitrages für die Schülerzeitung. Beachten Sie das unbedingt bei Ihrer Zeiteinteilung.
Die Umsetzung der ersten Teilaufgabe dient der Vorbereitung für den in der zweiten Teilaufgabe formulierten Schreibauftrag. Sie sollen zunächst den Materialien Informationen entnehmen und diese stichpunktartig festhalten. Lesen Sie dazu die Materialien gründlich und markieren Sie beim Lesen wesentliche Aussagen. Formulieren Sie in einem nächsten Schritt Stichpunkte, wobei Sie darauf achten sollten, keine längeren Textpassagen abzuschreiben, sondern bereits mit eigenen Worten wichtige Informationen zusammenzufassen.
*Die zweite Teilaufgabe verlangt das Schreiben eines Artikels für die Schülerzeitung. Nutzen Sie dafür sowohl Ihre Stichpunkte aus den Materialien als auch eigene Gedanken und Erfahrungen. Beachten Sie neben der inhaltlichen Gestaltung Ihres Textes außerdem Besonderheiten der vorgegebenen Textsorte. Sie sollten dabei den Adressatenkreis sowie formale und sprachliche Anforderungen eines Zeitungsartikels berücksichtigen. Starten Sie mit einer Schlagzeile und einem Untertitel, die zum Lesen anregen. Schreiben Sie in einer adressatengerechten Sprache und sprechen Sie Ihre Leser*innen direkt an. Ihre Sätze sollten nicht zu lang, Ihre Beispiele anschaulich, Ihre Argumente überzeugend sein.*

Material 1: Medienscouts – ein gutes Beispiel für Peer-Education in der Schule

- Medienscouts: Schüler*innen der Mittel- und Oberstufe mit großem Interesse an digitalen Medien
- nach Ausbildung: vielfältiger Einsatz in der Schule und darüber hinaus
- Peer-to-Peer-Ansatz: Kinder und Jugendliche unterstützen andere Kinder und Jugendliche
- viele Vorteile durch Umgang mit Gleichaltrigen auf gleicher „Augenhöhe“
- umfangreiche Lernprozesse, wertvolle Erfahrungen
- Raum zum Ausprobieren

Material 2: Auf Augenhöhe beraten

- ausgebildete Jugendliche sind Ansprechpartner*innen für ihre Mitschüler*innen
- Themen: z. B. Urheberrecht, Prävention und Bekämpfung von Cybermobbing
- Unterstützung durch Beratungslehrer*innen
- individuelle Beratung und Klassenberatung bei akuten Problemen
- regelmäßige Projekte, z. B. in den fünften Klassen Workshops zu sozialen Netzwerken und Messengern, in den sechsten Klassen Projekt zu Fake News
- in Zusammenarbeit mit Medienpädagog*innen auch Information und Beratung von Eltern, z. B. zu Themen wie Internet und Smartphone sowie Smartphone-, Konsolen- und Computerspiele

Material 3: Medienbeschäftigung Jugendlicher in der Freizeit

- 89 % aller Jugendlichen nutzen jeden Tag das Internet
- 93 % aller Jugendlichen haben täglich ihr Smartphone in Gebrauch
- Internet und digitale Medien spielen im Freizeitverhalten Jugendlicher eine große Rolle

Medienscouts an unserer Schule	**Schlagzeile**
Ein Peer-to-Peer-Projekt für alle	Untertitel
Die digitale Tafel im Bio-Raum funktioniert mal wieder nicht. Der Bio-Lehrer wird nervös. Er braucht die Tafel gleich in seinem Unterricht. Die Informatik-Lehrerin, die sonst immer hilft, ist nicht erreichbar. Aber Amadeus kann helfen! Im Klassenchat der Klasse 6c kursiert ein albernes Foto der neuen Mitschülerin. Leon und Katja aus der zehnten Klasse, die gerade ein Unterrichtsprojekt in Geschichte begleiten, sorgen dafür, dass alle verstehen, dass das nicht witzig ist. Sie fordern alle Schüler*innen auf, das Foto von ihren Smartphones zu löschen. Die Eltern der Klasse 8b fragen sich, ob die zurzeit angesagten Computerspiele ihren Kindern nicht eher schaden als nutzen. Anna und Ben informieren auf dem Elternabend über den Wert guter Computerspiele, sprechen aber auch über die Gefahr der Spielsucht.	**Einleitung** mehrere Fallbeispiele
Hallo Leute! Ihr überlegt jetzt wahrscheinlich, wer die Schüler*innen und Lehrer*innen sind, von denen ich gerade berichtet habe. Bleibt ganz cool! Ich habe mir das alles ausgedacht. Oder doch nicht?	**Hauptteil** Überleitung zum Thema

So ganz erfunden ist es wiederum nicht. Ihr habt von ähnlichen Geschichten auch an unserer Schule schon gehört und ihr kennt Medienexpert*innen wie Amadeus, Leon, Katja, Anna und Ben. Von denen gibt es auch bei uns einige, nur dass sie noch nicht als Medienscouts zum Einsatz kommen. Und genau daran sollten wir etwas ändern!

Wir alle lieben digitale Medien. Einer Studie zufolge nutzen 89 % von uns täglich das Internet und 93 % haben jeden Tag ihr Smartphone in Benutzung. Auch Laptops und Tablets spielen eine große Rolle, im Unterricht und darüber hinaus. Soziale Netzwerke und Messenger sind unverzichtbar in unserem Leben. Von Risiken und Gefahren im Umgang mit digitalen Medien, z. B. Cybermobbing und Hatespeech, haben wir alle schon gehört. Wie wir ihnen begegnen sollten, ist uns aber nicht immer klar. Oftmals sind wir dabei einfach nur leichtfertig und gedankenlos. Wir werden erst hellhörig, wenn es Probleme gibt. Wer kann helfen?

Sachinformationen:

Material 3

Schule und Freizeit mit digitalen Medien

Schüler*innen, die ein besonderes Interesse an digitalen Medien haben, können als sogenannte Medienscouts ausgebildet und in der Schule und darüber hinaus eingesetzt werden. Ein Peer-to-Peer-Ansatz, bei dem Kinder und Jugendliche andere Kinder und Jugendliche unterstützen, bringt dabei viele Vorteile mit sich. Nicht zuletzt, weil das Lernen mit Gleichaltrigen mehr Spaß macht, weil alle ähnliche Erfahrungen und Probleme haben, weil man sich gemeinsam kreativ und spielerisch ausprobieren kann.

Material 1

Medienscouts im Peer-to-Peer-Ansatz

Und an Themen mangelt es dabei auch nicht. So haben Schüler*innen häufig Fragen zu Cybermobbing und Fake News, aber auch Urheberrecht und Datenschutz können wichtige Inhalte von individueller und/oder Klassenberatung sein. Regelmäßige Schülerprojekte zu sozialen Netzwerken und Messenger-Diensten sind ebenfalls sehr gefragt.

Material 2

Themen und Einsatzmöglichkeiten

Mit der Unterstützung von Beratungslehrer*innen können Medienscouts aber auch Eltern beraten, z. B. zum richtigen Umgang mit Smartphone-, Konsolen- und Computerspielen. Da kennen sie sich einfach besser aus! Und nehmen Sie, liebe Lehrer*innen, es mir nicht übel, aber auch Ihnen können Medienscouts manchmal mit ihrer Medienkompetenz behilflich sein.

Im Schülerrat unserer Schule denkt man schon länger darüber nach, welchen Beitrag Schüler*innen leisten können, um schulische Medienbildung voranzubringen. Ich bin davon überzeugt, dass es eine tolle Idee ist, eine Schülergruppe zusammenzustellen, die in einem Peer-to-Peer-Ansatz als Medienscouts Einsatz findet. Wenn ihr dem zustimmt oder sogar mitwirken wollt, dann:

Vorschlag für Umsetzung an der Schule

Aufforderung zur Mitwirkung

- Meldet euch bei unserer Schülerfirma, wenn ihr euch eine Ausbildung zum und einen Einsatz als Medienscout vorstellen könnt.
- Stellt eure Fragen zur Mediennutzung bzw. sprecht mit eurer Schülervertretung über eure Sorgen und teilt uns eure Probleme mit. Gern auch anonym in den Schülerbriefkasten.
- Lasst uns außerdem wissen, wenn ihr noch andere Ideen für unsere künftigen Medienscouts und ihren Einsatz habt.
- Denkt euch einen Namen für unsere Medienscouts aus und entwerft ein Logo, das alle flasht.

Schlussteil

Ausblick

Unsere Beratungslehrerin wird das Projekt in der nächsten Schulkonferenz der Schulgemeinschaft vorstellen, damit auch alle Lehrer*innen und Eltern davon erfahren. Um die Unterstützung durch Medienpädagog*innen bei der Ausbildung der Medienscouts kümmert sich unsere Schulleitung.

Ja, und dann kann es losgehen mit „Medienscouts an unserer Schule“!

Euer Schülerzeitungs-Chefredakteur, Mitglied der Schülervertretung

Verfasser des Artikels

Yüksel Pazarkaya[1]: deutsche sprache (1989)

die ich vorbehaltlos liebe
die meine zweite heimat ist
die mir mehr zuversicht
die mir mehr geborgenheit
die mir mehr gab als die
die sie angeblich sprechen

sie gab mir lessing und heine
sie gab mir schiller und brecht
sie gab mir leibniz und feuerbach
sie gab mir hegel und marx
sie gab mir sehen und hören
sie gab mir hoffen und lieben
eine welt in der es sich leben lässt

die in ihr verstummen sind nicht in ihr
die in ihr lauthals reden halten sind nicht in ihr
die in ihr ein werkzeug der erniedrigung
die in ihr ein werkzeug der ausbeutung sehn
sie sind nicht in ihr sie nicht

meine behausung in der kälte der fremde
meine behausung in der hitze des hasses
meine behausung wenn mich verbiegt die bitterkeit
in ihr genoß ich die hoffnung
wie in meinem türkisch

Aus: Pazarkaya, Yüksel: Der Babylonbus. Gedichte, Frankfurt am Main: Dagyeli 1989.

1 Yüksel Pazarkaya: geb. 1940 in Izmir (Türkei); seit 1958 in der Bundesrepublik Deutschland; Studium und Promotion in Literaturwissenschaft und Philosophie; Verfasser von Lyrik, Kurzprosa, Essays und Übersetzer

Arbeitsauftrag

Interpretieren Sie das Gedicht.

- Stellen Sie die Situation des lyrischen Ichs und sein Verhältnis zur deutschen Sprache dar.
- Beschreiben Sie ausgewählte Gestaltungsmittel in ihrer Funktion und Wirkung.

Lösungsvorschlag

Im Thema 1 geht es um die Interpretation eines lyrischen Textes. Zur allgemeinen Aufgabe „Interpretieren Sie das Gedicht" erhalten Sie zwei Konkretisierungen. So sollen Sie die Situation des lyrischen Ichs und sein Verhältnis zur deutschen Sprache darstellen. Der zweite Schwerpunkt liegt auf der Beschreibung ausgewählter sprachlicher Mittel in ihrer Funktion und Wirkung, das heißt, Sie müssen das Zusammenwirken von inhaltlicher und sprachlicher Gestaltung untersuchen und aufzeigen.

Bei Ihrer Interpretation sollten Sie zu der Erkenntnis kommen, dass es im Gedicht „deutsche sprache" um einen lyrischen Sprecher geht, der, obwohl seine Muttersprache eigentlich Türkisch ist, die deutsche Sprache lieben gelernt hat. Der Zugang zu ihr eröffnete ihm viele Möglichkeiten und ließ ihn eine zweite Heimat erleben. Kritisch betrachtet er jedoch all jene, die die Sprache z. B. für fremdenfeindliche Aussagen missbrauchen. Die formale und sprachliche Gestaltung des Textes veranschaulicht die Situation.

Die Themen Immigration und (sprachliche) Integration machen es möglich, als Einstieg einen Bezug zur aktuellen Flüchtlingsproblematik herzustellen. Im Hauptteil empfiehlt es sich, strophenweise Inhalt, Struktur und Sprache des Gedichtes darzulegen. Hierbei gehen Sie besonders auf die vorgegebenen Analyseschwerpunkte ein. Einzelne Aspekte z. B. zur formalen und sprachlichen Gestaltung und zu deren Wirkung können sie zudem anschließend noch separat ausführen. Am Schluss stellen Sie den Bezug zur Einleitung wieder her und bringen Ihre eigene Haltung zu Gedicht und Thematik zum Ausdruck.

Einleitung
Einstieg mit aktueller Problematik

Wir leben in einer Zeit, in der schätzungsweise 60 Millionen Menschen weltweit auf der Flucht sind. Sie fliehen vor allem, weil in ihren Ländern Kriege toben, weil Gewalt und Unterdrückung herrschen. Sie kommen z. B. aus Syrien, der Ukraine und dem Südsudan und sie flüchten in andere Länder, um der Gefahr für ihr Leben zu entkommen. Auch in unserem Land wollen sie eine neue Heimat finden, in einem Land, in dem es schon immer Einwanderer gab. So kamen in den 1950er- und 1960er-Jahren viele Türken, Italiener und Griechen nach Deutschland, da sie hier eine besser bezahlte Arbeit fanden. Dass Einwanderung schon damals aufgrund von Vorurteilen und Ablehnung nicht so einfach war, kann man sich gut vorstellen.

Hauptteil
Überleitung zu Autor und Thema des Gedichts

Auch der 1940 geborene türkische Autor und Übersetzer Yüksel Pazarkaya lebt seit 1958 in Deutschland und wird als Immigrant mit Problemen konfrontiert gewesen sein, die durch Ausländerfeindlichkeit entstehen. So bekennt das lyrische Ich in seinem Gedicht „deutsche sprache“ (1989) vermutlich nicht zufällig, dass es zwar die deutsche Sprache lieben gelernt hat, aber sich von den Sprechern derselben distanziert, die sie für fremdenfeindliche Äußerungen nutzen.

Analyse von Inhalt und sprachlicher Gestaltung

1. Strophe

In deutlichem Bezug zum Titel des Gedichtes betont das lyrische Ich in der ersten Strophe mit einer anaphorischen Aufzählung („die“, V. 1–6), dass es die deutsche Sprache liebt, da sie ihm Heimat vermittelt, Zuversicht und Geborgenheit gibt. Durch die numerische Angabe „zweite Heimat“ (V. 2) lässt sich die Herkunft des Sprechers aus einem anderen Land ableiten. In der Aussage „die mir mehr gab als die/die sie angeblich sprechen“ (V. 5 f.) wird am Ende bereits die Abgrenzung von einem Teil der Deutschen erkennbar.

2. Strophe

Auch in der zweiten Strophe wird durch anaphorisch beginnende Aufzählungen in Parallelismen („sie gab mir“, V. 7–12) die hohe Wertschätzung der deutschen Sprache deutlich: Sie gab dem lyrischen Sprecher unter anderem „lessing und heine“, „leibniz und feuerbach“ (V. 7–9), also literarischen und philosophischen Genuss. Sie brachte ihm zudem „sehen und hören /[…] hoffen und lieben“ (V. 11 f.), das heißt lebensnotwendige Sinne und Gefühle in einer lebenswerten Welt (vgl. V. 13). Die Kenntnis der deutschen Sprache steigerte demnach die Lebensqualität des Sprechers und bereicherte ihn um neues Kulturgut.

3. Strophe

Wiederum mit anaphorischen Versanfängen (V. 14–17) werden in der dritten Strophe jedoch diejenigen Sprecher des Deutschen erwähnt, die die Sprache missbrauchen, um andere Menschen zu erniedrigen und auszubeuten. Besonders aussagekräftig ist in diesem Zusammenhang die zwei Mal verwendete Metapher, die Sprache als „ein werkzeug“ (V. 16 f.) bezeichnet. Eindringlich wirkt die Wiederholung der Aussage, dass diese Sprecher „nicht in ihr [sind]“ (V. 14 f.), sie also der deutschen Sprache nicht gerecht werden. Der Chiasmus „die in ihr […] sind nicht in ihr“ (V. 14, 15, 16/18) unterstreicht dabei grundlegend den Kontrast zwischen jenen Deutschen, die die Sprache feindselig und aggressiv gebrauchen, und dem lyrischen Ich, das sie liebt und im Gedicht ehrt. Diese Abgrenzung wird auch im letzten Vers der Strophe in dem Wortspiel „sie sind nicht in ihr sie nicht“ noch einmal bekräftigt.

In der vierten Strophe wird erneut die positive Haltung zur deutschen Sprache betont. Sie bietet dem Sprecher eine „behausung“, behütet ihn vor „der kälte der fremde“ und „der hitze des hasses“ (V. 19 f.). Das drei Mal wiederholte Possessivpronomen „meine“ (V. 19–21) unterstreicht diese enge Beziehung zur Sprache, in der das lyrische Ich wie in einem schützenden Haus (Metapher) wohnt. Durch sie bleibt ihm auch in Momenten der Bitterkeit Hoffnung, so, wie es sie auch in seiner Muttersprache, dem Türkischen, findet (vgl. V. 21–23).

4. Strophe

Das vierstrophige Gedicht ist reimlos und in freien Rhythmen geschrieben, die Strophen und Verse sind unterschiedlich lang. Alle Wörter sind zudem konsequent kleingeschrieben und Satzzeichen fehlen vollständig. Diese sehr individuelle und streng genommen regelwidrige Verwendung der deutschen Sprache assoziiert einen Nicht-Muttersprachler und veranschaulicht dessen ganz persönliche Reflexion über seine Zweitsprache in der zweiten Heimat. Besonders in der begeisterten Aufzählung großer Denker und Schriftsteller (V. 7–10), die der Sprecher kennen und lieben gelernt hat, zeigt sich, dass er in Deutschland „richtig angekommen“ ist und die deutsche Sprache und Kultur mehr zu schätzen weiß, als manch gebürtiger „lauthals reden[der]“ (V. 15) Deutscher.

weitere gestalterische Mittel in ihrer Funktion und Wirkung

Yüksel Pazarkaya, der selbst in Deutschland eine neue Heimat gefunden hat und als Schriftsteller besonders für Sprache sensibilisiert ist, weist in seinem Gedicht auf die Problematik von Menschen hin, die in ein fremdes Land einwandern. Die meisten von ihnen bemühen sich wie der lyrische Sprecher um ihre Integration, lernen die neue Sprache und lassen sich auf die fremde Kultur ein. Und dennoch werden sie von Mitmenschen ausgegrenzt, die in ihnen Ausländer sehen, die nicht willkommen sind. Das sollte es in unserem Land nicht mehr geben!

Schluss

biographischer Bezug und Appell

Material 1: Ethischer Konsum: Den Raubbau an der Natur stoppen (2010)

Die Entwicklung des Lebens auf unserem Planeten begann vermutlich vor etwa 4 Milliarden Jahren. Der Mensch in seiner heutigen genetischen Ausstattung ist hingegen gerade einmal 200.000 Jahre jung. Nichtsdestotrotz hat unsere Spezies wie keine andere vor ihr das Antlitz des blauen Planeten geprägt und verändert. Unsere Art zu siedeln, zu wirtschaften und zu konsumieren bedroht nicht nur das Weltklima und den Fortbestand lebenswichtiger Ressourcen, sie führt auch zu einem radikalen Ungleichgewicht in der Verteilung der Güter: Während die hochentwickelten Industriestaaten in einem geradezu ungesunden Überfluss leben, sind Hungersnöte und extreme Armut die alltägliche Realität vieler Entwicklungsländer.

Jede Kaufentscheidung zählt

Die wenigsten Menschen stehen dieser erschreckenden Entwicklung gleichgültig gegenüber. Die Frage, wie man als Einzelner Einfluss auf Probleme von weltpolitischer Dimension nehmen sollte, löst jedoch meist Ratlosigkeit aus. Eine Handlungsoption, die jedem offen steht und langfristig eine enorme Schubkraft entwickeln kann, ist die des nachhaltigen oder ethischen Konsums.

Nachhaltiger Konsum ist umweltverträglich, sozialverantwortlich und wirtschaftlich tragbar, und er ist ein mächtiges Werkzeug in den Händen der Verbraucher. Wenn die nicht nachhaltig produzierte Ware in den Regalen der Geschäfte liegen bleibt, sind die Firmen gezwungen, nachhaltige Produktionswege zu suchen, um ihre Waren absetzen zu können.

Diese Erkenntnis liegt zum Beispiel dem Titel eines „etwas anderen Einkaufsführers“ von Fred Grimm zu Grunde: „Shopping hilft die Welt verbessern“ nennt sich der Führer zum verantwortungsvollen Konsum, der dem Verbraucher die Infos an die Hand gibt, um fair gehandelte, umweltverträgliche Produkte zu kaufen, ohne deshalb sein Leben auf den Kopf stellen zu müssen.

Ethischer Konsum statt Askese

Längst ist sich die Wirtschaft des neuen Trends bewusst geworden. Die Gruppe der „LOHAS“, also derer, die sich einem „lifestyle of health and sustainability“ verpflichtet fühlen, ist bereits seit einigen Jahren als solvente und meinungsbildende Zielgruppe definiert, die eine bedeutende Rolle im Marketing vieler Firmen spielt.

Was die LOHAS ganz wesentlich von den Ökos der 80er Jahre unterscheidet, ist ihre starke Genuss- und Konsumorientierung. Weit entfernt vom asketischen Lebensstil lautet ihre Devise: „Ohne Einschränkung konsumieren und sich dabei auch noch besser fühlen.“

„Ein bisschen bigott“, könnte der Idealist denken. Da jedoch den meisten Menschen der Verzicht schwer fällt, stellt ethischer Konsum eine durchaus positive Alternative dar, welche das nachhaltige Engagement der Unternehmen fördert und gleichzeitig die Wirtschaft stützt.

Doch Vorsicht: Nicht jede Firma, die mit grünen Etiketten wirbt, verkauft auch wirklich umweltfreundliche Inhalte. Der Trend zum „Greenwashing“ drückt sich häufig in der fantasievollen Eigenkreation von Umweltsiegeln vieler Firmen aus, die mit Werbebotschaften wie „ungespritzt“ oder „naturnah erzeugt“ nur scheinbar ökologische Produkte auf den Markt bringen.

Quelle: Wandermagazin, 12/2010, Nr. 155

Material 2: Tote Näherin in Bangladesch: Metro beendet Zusammenarbeit mit Zulieferer (2009)

13 bis 15 Stunden am Tag waren zu viel: In einer Fabrik in Bangladesch, die vor allem für Metro produziert, ist eine junge Frau aus Erschöpfung tot zusammengebrochen. Der deutsche Handelskonzern bedauert den Fall – und hat die Zusammenarbeit eingestellt.

Dhaka – Sie hat gearbeitet, bis sie nicht mehr konnte: Die 18-jährige Näherin Fatema Akter aus Bangladesch ist im Dezember während ihrer Schicht tot zusammengebrochen. Das berichtete die US-Organisation National Labor Committee (NCL) am Mittwoch. Demnach musste das Mädchen an sieben Tagen in der Woche 13 bis 15 Stunden in der Textilfabrik in der Hafenstadt Chittagong arbeiten und pro Stunde bis zu hundert Jeanshosen reinigen. Rund 80 Prozent der in der Fabrik hergestellten Textilien wurden laut NCL für den deutschen Handelsriesen Metro produziert.

Der 18-Jährigen wurde dem zu Wochenbeginn veröffentlichten NLC-Bericht zufolge trotz Erschöpfung und Schmerzen in Brust und Armen ein freier Tag zur Erholung verweigert. Stattdessen habe der Vorgesetzte das Mädchen hart ins Gesicht geschlagen und ihr befohlen, ihre Arbeit fortzusetzen. Demnach waren für die Arbeiter in der Fabrik 14-Stunden-Schichten ohne Pause, erzwungene Überstunden und Schläge an der Tagesordnung.

Das Unternehmen bedauerte den Todesfall der 18-Jährigen in einer Erklärung „zutiefst“: Man nehme den Bericht über Missstände außerordentlich ernst, sagte Konzernchef Eckhard Cordes am Mittwoch auf der Hauptversammlung des Konzerns. Die Geschäftsbeziehungen mit dem Bekleidungslieferanten seien beendet und dessen Erzeugnisse aus den Handelsregalen genommen worden. Außerdem würden die Todesumstände der Frau und die Informationskette über die Arbeitsbedingungen in der Fabrik untersucht. Die Produktionsstätte in Bangladesch sei 2005 zwar überprüft worden. Nachdem Mängel festgestellt wurden, habe es jedoch anders als vorgesehen keine neuerliche Überprüfung gegeben. Die Christliche Initiative Romero hatte anlässlich der Hauptversammlung auf den Tod der Näherin aufmerksam gemacht.

Quelle: sam /AFP /dpa, Tote Näherin in Bangladesch Metro beendet Zusammenarbeit mit Zulieferer, SPIEGEL Online vom 13. 05. 2009, http://www.spiegel.de/wirtschaft/tote-naeherin-in-bangladesch-metro-beendet-zusammenarbeit-mit-zulieferer-a-624685.html;

Originaltext: dpa, (Extra) METRO reagiert auf Tod junger Näherin vom 13. 05. 2009

Material 3: Umfrage zu wichtigen Kriterien für den Kauf von Bekleidung in Deutschland 2014[1]

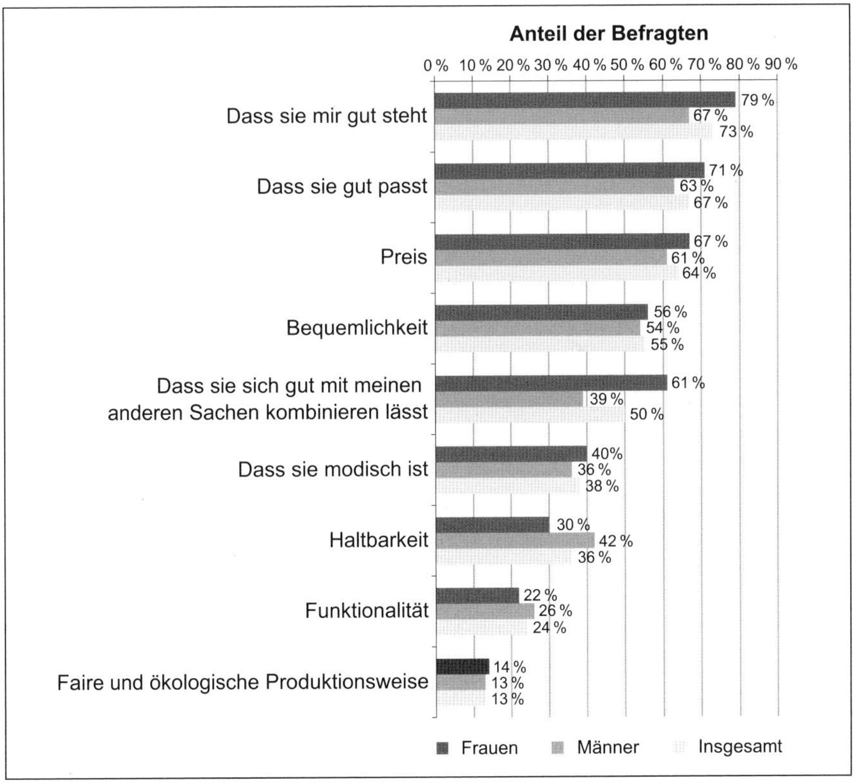

Quelle: Daten nach Gesamtverband der deutschen Textil- und Modeindustrie

1 Befragt wurden insgesamt 802 Konsumenten.

Arbeitsauftrag

„Mode – Fair Trade[2]?"

Stellen Sie sich vor, Ihre Schule arbeitet an einem Projekt zum Thema „Mode – Fair Trade?". Sie wurden beauftragt, einen Artikel für die Schülerzeitung mit gleichnamigem Titel zu verfassen.

1. Arbeiten Sie aus dem vorliegenden Material stichpunktartig Informationen zum Thema „Mode – Fair Trade?" heraus.

2. Schreiben Sie anschließend, ausgehend von Ihren Arbeitsergebnissen und unter Einbeziehung Ihrer persönlichen Erfahrungen, einen inhaltlich und sprachlich eigenständigen Artikel für die Schülerzeitung, in dem Sie Auswahlkriterien für Kaufentscheidungen von Konsumenten diskutieren und Ihre Position zum Gedanken des Fair-Trade darlegen.

Die Aufgaben sind separat zu lösen. Den Schwerpunkt bilden die Ausführungen zu Aufgabe 2.

2 Fair Trade: Handel, der auf Dialog, Transparenz und Respekt beruht und auf mehr Gerechtigkeit im internationalen Handel abzielt

---

Lösungsvorschlag

Das Thema 2 verlangt von Ihnen adressatenbezogenes Schreiben auf der Basis des untersuchenden Erschließens pragmatischer Texte. Dabei bearbeiten Sie mithilfe vorgegebener Materialien eine Problemstellung. Ergebnis der Arbeit ist ein eigenständiger Text, das heißt ein Artikel für die Schülerzeitung. Aufgrund der Komplexität der Aufgabenart ist eine genaue Analyse der Aufgabenstellung erforderlich.

1. *Die erste Teilaufgabe dient der Vorbereitung auf den in der zweiten Teilaufgabe formulierten Schreibauftrag zum Projektthema „Mode – Fair Trade?". Sie sollen aus dem zur Verfügung stehenden Material Informationen zum Thema auswählen und stichpunktartig zusammenfassen. Lesen Sie dazu gründlich das Material, erfassen Sie die Text- und Bildinhalte und markieren Sie sich wesentliche Informationen. Formulieren Sie dann Ihre Stichpunkte weitgehend mit eigenen Worten. Möglich ist z. B. eine Anordnung als Aufzählung oder in Form einer Mindmap.*

Sammlung wesentlicher Informationen aus den Materialien (in Stichpunkten)

Material 1

Zeitschriftartikel zum Thema „Ethischer Konsum" (2010)

- negative Beeinflussung des Lebens auf dem blauen Planeten durch den Menschen
- Bedrohung des Weltklimas
- Gefährdung des Fortbestandes lebensnotwendiger Ressourcen
- Ungleichgewicht: Überfluss in Industriestaaten – Armut in Entwicklungsländern
- jede Kaufentscheidung zählt!
- Handlungsoption: verantwortungsbewusster und nachhaltiger ethischer Konsum durch Verbraucher
- d. h. Kauf von fair gehandelten und umweltverträglichen Produkten
- „LOHAS" (lifestyle of health and sustainability) für Genuss- und Konsumorientierung: Propagierung des ethischen Konsums statt unrealisierbarer Forderung nach Verzicht
- Vorteil: Förderung von Unternehmen mit umweltfreundlicher Produktion
- Warnung vor unseriösen Werbepraktiken für angeblich ökologische Produkte

Material 2

Artikel im Spiegel zum Tod einer Näherin in Bangladesch (2009)

- Tod der 18-jährigen Näherin Fatema Akter durch unmenschliche Arbeitsbedingungen in Bangladesch
- Arbeit in der Textilfabrik: 13–15 Stunden, 7 Tage die Woche, Zwang und Gewalt
- 80 % der Textilproduktion dieses Zulieferers für Handelsriesen Metro bestimmt
- Metro kündigt die Zusammenarbeit nach diesem Vorfall
- Untersuchung der Todesumstände

Material 3

Statistik zu den Kriterien beim Kleidungskauf (2014)

- aktuelle Umfrage zu wichtigen Kriterien für den Kauf von Bekleidung in Deutschland
- Grundlage: Befragung von 802 Konsumenten im Jahr 2014

- Ergebnis: wichtigste Kriterien sind das Aussehen (73 %), die Passgenauigkeit (67 %) und der Preis (64 %)
- unwichtigstes Kriterium: faire und ökologische Produktionsweise (13 %)

2. *Die zweite Teilaufgabe bildet den Schwerpunkt und verlangt das Schreiben eines eigenen Artikels für die Schülerzeitung. Für Ihre Ausführungen nutzen Sie die zuvor erarbeiteten Informationen ebenso wie Ihre eigenen Erfahrungen. Ziel ist es, Auswahlkriterien für Kaufentscheidungen von Konsumenten zu diskutieren und den Lesern Ihren persönlichen Standpunkt zum Thema Fair Trade darzulegen. Neben dem inhaltlichen Anspruch, Probleme und Möglichkeiten aufzuzeigen und abzuwägen, sind auch die formalen und sprachlichen Anforderungen an einen Zeitungsartikel zu berücksichtigen. So müssen Sie den Adressatenkreis beachten und Ihre Gedanken in eine logisch schlüssige und sprachlich ansprechende Form bringen, um zu überzeugen.*

Schlagzeile mit Untertitel

„Mode – Fair Trade?“
Mode um jeden Preis zum billigsten Preis

Einleitung
persönliche Erfahrungen

Ich liebe meine neue Jeans und ich gestehe, ich habe keine Ahnung, wo sie herkommt. Sicherlich ist mir das eine oder andere Mal schon aufgefallen, dass auf den eingenähten Schildchen meiner Kleidungsstücke irgendwas von „Made in Fernost“ steht. Aber wen interessiert das schon, wenn sie sitzt und dazu noch billig ist? Mich nicht und meine Kumpels auch nicht. Zumindest bisher nicht. Aber das muss sich ändern!

Hauptteil
Überleitung mit Hinführung zum Thema

Tod der Näherin Fatema Akter (Material 2)

Geschockt las ich kürzlich einen Artikel im Spiegel, in dem es um ein junges Mädchen ging, das durch unmenschliche Arbeitsbedingungen in einer Textilfabrik in Bangladesch zu Tode kam. Die 18-jährige Näherin Fatema Akter klagte bereits über Erschöpfung und Schmerzen und wurde trotzdem mit Gewalt gezwungen weiterzuarbeiten. Besonders fatal ist, dass 80 % der Produktion dieser Fabrik zum Handelsriesen Metro nach Deutschland gehen und man dort schon früher über Mängel bei den Arbeitsbedingungen informiert war, dies aber nicht weiter untersucht hat. So müssen die Arbeiterinnen und Arbeiter dort sieben Tage in der Woche 13 bis 15 Stunden arbeiten. Nicht selten geschieht das ohne Pausen und mit weiteren Überstunden. Wer sich dagegen verwehrt, wird unter Drohungen gezwungen und sogar geschlagen.

Warum lassen sich die Menschen das gefallen? Es ist extreme Armut, die Arbeiterinnen wie Fatema Akter und nicht selten sogar Kinder in Entwicklungsländern zu Opfern menschenverachtender Arbeitsbedingungen machen. Und daran tragen wir eine Mitschuld. Wir Bewohner eines reichen Industrielandes, die sich zu wenig für das Gleichgewicht bei der Güterverteilung in der Welt einsetzen.

globale Gründe, die Fair Trade verhindern (Material 1)

Was will er denn? – werdet ihr euch fragen. Soll ich statt preiswerter nun teure Mode kaufen oder am besten gleich gar keine mehr? Nein, aber wenigstens mal anfangen nachzudenken, z. B. über die Gründe für eure Kaufentscheidungen und über die Möglichkeiten, etwas für Fair Trade, das heißt für einen verantwortungsvollen und gerechteren internationalen Handel zu tun.

Überleitung mit rhetorischen Fragen

Kaufentscheidungen und Fair Trade

Statistiken belegen, dass sich die meisten Konsumenten beim Bekleidungskauf in erster Linie vom Aussehen und natürlich von der Passgenauigkeit eines Kleidungsstückes leiten lassen. Ich meine, dass das eine ganz normale Sache ist, denn niemand wird sich eine Jeans kaufen, die ihm nicht gefällt bzw. die nicht passt. Als zweitwichtigstes Kriterium folgt dann der Preis, denn vor allem junge Leute haben eher ein beschränktes Budget. Das ist einerseits verständlich, andererseits problematisch: Man kauft gern gut, aber will es trotzdem billig haben und interessiert sich nicht dafür, wo und unter welchen Bedingungen die Hose hergestellt wurde. Das unwichtigste Kriterium bei der Kaufentscheidung von Konsumenten ist demnach – laut Statistik – die faire und ökologische Produktionsweise.

persönliche Gründe, die Fair Trade verhindern (Material 3)

Was kann man tun, um an dieser Situation etwas zu ändern? Sicherlich sind Aufklärung und Information Voraussetzungen dafür, dass Menschen umdenken und ihre Verhaltensweisen ändern. So, wie es bei mir durch den Spiegel-Artikel über den tragischen Tod von Fatema Akter passierte.

Möglichkeiten, etwas für Fair Trade zu tun

Inzwischen habe ich von „LOHAS“ gehört, ein Kurzwort, das sich aus dem englischen Begriff „lifestyle of health and sustainability“ bildet und so viel bedeutet wie Lebensstil, der von Gesundheitsbewusstsein und Prinzipien der Nachhaltigkeit geprägt ist. LOHAS-Konsumenten propagieren nicht den Verzicht, sondern einen ethischen Konsum. Dabei geht es vor allem um gezielten Kauf von Bio-Produkten und fair gehandelten Waren. Das unterstützt jene Unternehmen, die umweltfreundlich und nachhaltig produzieren.

„LOHAS“ und ethischer Konsum (Material 1)

Diesen Ansatz finde ich gut, sehe aber doch Probleme: So sind Bio-Produkte meist teurer als konventionell hergestellte Waren und es werden auch Produkte beworben, die nur angeblich, aber nicht wirklich ökologisch sind. Viele Verbraucher kennen das „Fair Trade"-Siegel auf Produkten gar nicht oder ignorieren es. Unternehmen arbeiten nicht transparent genug, wenn es um Fragen umweltfreundlicher Produktion geht bzw. wenn ihre Zulieferer aus Entwicklungsländern Menschen unter unwürdigen Bedingungen arbeiten lassen.

Probleme für das Durchsetzen von Fair Trade

All das sollte uns jedoch nicht davon abhalten, umweltfreundlicher zu handeln und bewusster einzukaufen. Auch wenn wir nicht gleich die Situation auf dem Weltmarkt und in Fernost verbessern können, so kann doch jeder seinen ganz persönlichen Beitrag leisten, um ein Zeichen zu setzen und anderen ein Vorbild zu sein. Also informiert euch über das, was ihr kauft, und über die Bedingungen, unter denen es hergestellt wird!

Schluss
Appell

Sachsen – Besondere Leistungsfeststellung 10. Klasse Deutsch 2016
Thema 1

Johann Wolfgang Goethe (1749–1832): Rastlose Liebe (1776)

Dem Schnee, dem Regen,
Dem Wind entgegen,
Im Dampf der Klüfte,
Durch Nebeldüfte,
Immer zu! Immer zu!
Ohne Rast und Ruh!

Lieber durch Leiden
Möcht ich mich schlagen,
Als so viel Freuden
Des Lebens ertragen.
Alle[1] das Neigen
Von Herzen zu Herzen,
Ach, wie so eigen
Schaffet das Schmerzen!

Wie – soll ich fliehen?
Wälderwärts ziehen?
Alles vergebens!
Krone des Lebens,
Glück ohne Ruh,
Liebe, bist du!

Aus: Echtermeyer: Deutsche Gedichte. Von den Anfängen bis zur Gegenwart. Düsseldorf: Cornelsen Verlag Schwann-Giradet, 1990, S. 196.

1 Alle: im Sinne von „All“

Arbeitsauftrag

Interpretieren Sie das Gedicht.

- Zeigen Sie dabei an ausgewählten Beispielen, wie gestalterische Besonderheiten die Situation des lyrischen Ichs veranschaulichen.
- Beziehen Sie in Ihre Ausführungen auch die Merkmale der Literaturepoche ein, der Sie den Text zuordnen.

Lösungsvorschlag

Die vorliegende Aufgabe verlangt von Ihnen die Interpretation eines lyrischen Textes von Johann Wolfgang Goethe. Hierbei ist ein Schwerpunkt vorgegeben: Sie sollen die Situation des lyrischen Subjekts untersuchen und dabei den Zusammenhang von Inhalt und sprachkünstlerischer Gestaltung darlegen. Außerdem sind Merkmale der entsprechenden Literaturepoche (Sturm und Drang) in Ihre Interpretation mit einzubeziehen.

Biografisches Wissen zum Autor und Kenntnisse zu anderen seiner Werke werden nicht ausdrücklich gefordert, sie dürfen aber funktional eingebracht werden. Ihre Epochenkenntnisse eignen sich z. B. für die Aufsatzeinleitung zur literaturgeschichtlichen Einordnung des Gedichts.

Im Hauptteil erfolgt die Analyse von Inhalt, Form und sprachlich-stilistischer Gestaltung. Sie sollen Ihre Ergebnisse zum Arbeitsschwerpunkt in einer in sich schlüssigen Deutung zusammenhängend darstellen. Gehen Sie dabei am besten chronologisch von Strophe zu Strophe vor und betrachten Sie konsequent die Wirkung sprachlicher Mittel auf inhaltliche Aussagen.

Im Schlussteil können Sie z. B. zentrale Aussagen zusammenfassen oder eigene Gedanken zur Thematik äußern.

Einleitung

Epocheneinordnung

Das Gedicht „Rastlose Liebe“ von Johann Wolfgang Goethe (1749–1832) gehört zweifellos in die Epoche des Sturm und Drang. Dafür spricht nicht nur das Entstehungsjahr 1776, sondern vor allem die darin zum Ausdruck kommende Emotionalität beim Erleben von Natur bzw. Liebe. Ganz anders als in der Vernunftkultur der Aufklärung zeigt sich hier die Gefühlskultur eines jungen Stürmers und Drängers, der sein Herz sprechen lässt. Leidenschaftlich bezeichnet Goethe die Liebe als „Krone des Lebens“ (V. 18) und macht zugleich deutlich, dass mit ihr oft auch Ruhelosigkeit, Schmerzen und Leid verbunden sind.

Hauptteil

Analyse und Deutung

1. Strophe: Ruhelosigkeit

Goethes Gedicht besteht aus drei Strophen mit sechs, acht und sechs Versen. In der ersten Strophe bahnt sich das lyrische Subjekt seinen Weg durch die Widrigkeiten der Natur, durch Schnee, Regen und Wind (vgl. V. 1 f.). Auch die Metaphern „Dampf der Klüfte“ (V. 3) und „Nebeldüfte“ (V. 4) – letztere zugleich ein Neologismus – verdeutlichen die Widerstände, gegen die der lyrische Sprecher geradezu leidenschaftlich „Immer zu! Immer zu!“ (V. 5) ankämpft. Schon in dieser Wiederholung, verstärkt durch Ausrufezeichen, zeigt sich eine grenzenlose, das Ich bedrängende Ruhelosigkeit. Sie wird im letzten Vers der Strophe in einem weiteren Ausruf schließlich deutlich ausgesprochen: „Ohne Rast und Ruh!“ (V. 6). Die Alliteration betont hierbei die Bedeutung der beiden Schlüsselwörter.

Reime, Metrum und Rhythmus

Durch den Gedichttitel weiß der Leser, dass es die Liebe ist, die diese offenbar nicht zu bändigende Ruhelosigkeit des lyrischen Ichs verursacht. Formal verstärkt wird der Unruhezustand durch kurze Verse, aufeinanderfolgende Paarreime und zweihebige Jamben, die zum Teil unregelmäßig sind (vgl. V. 5 f.). Sie erzeugen einen vorantreibenden, geradezu rastlosen Rhythmus.

2. Strophe: Erleichtertes Bekennen

In der zweiten Strophe erscheint die Situation des lyrischen Subjekts, das in Vers 8 zum ersten Mal mit dem Personalpronomen „ich“ bezeichnet wird, anders: Der Wechsel zu Kreuzreimen, unterschiedlichen Metren und häufigen Enjambements wirkt eher unbeschwert und beschwingt. Das lyrische Ich erkennt erleichtert, dass die Liebe Leiden verursacht, die es gerne erträgt (vgl. V. 7 f.). Erneut macht eine Alliteration („Lieber [...] Leiden“, V. 7) die Aussage besonders eindringlich. „Freuden / Des Lebens“ (V. 9 f.) ohne Leiden wären dazu keine Alternative. Im Gegenteil, „das Neigen / Von Herzen zu Herzen“ (V. 11 f.), das heißt die Liebe und die Leidenschaft, „[s]chaffe[n] [...] Schmerzen!“ (V. 14). Sowohl die Alliteration als auch das Ausrufezeichen verstärken den Gedanken, dass das alles so sein muss, dass ein aufregendes, glückliches und erfülltes Leben Liebe verlangt, die auch schmerzvoll sein kann.

3. Strophe: Finale Erkenntnis

Das Leiden an Liebe und die Freude am Leiden werden in der 3. Strophe nochmals mit Nachdruck bejaht. Rhetorische Fragen in den ersten beiden Versen („Wie – soll ich fliehen? / Wälderwärts ziehen?“) stellen eine Flucht vor den Schmerzen der Liebe in die Natur grundsätzlich infrage. Unterstrichen wird die finale Erkenntnis, dass es keine Liebe ohne Leid für das Ich geben kann, durch die elliptische Schlussfolgerung „Alles vergebens!“ (V. 17). Und mehr noch: Die nun mit dem Personalpronomen „du“ (V. 20) angesprochene Liebe wird metaphorisch als die „Krone des Lebens“ (V. 18) bezeichnet, auch wenn sie immer wieder Ruhelosigkeit („Glück ohne Ruh“, V. 19) für den lyrischen Sprecher bedeutet.

Bezug zu Goethes Leben und Werk

Sowohl in Goethes Privatleben als auch in seinem literarischen Werk spielte die Liebe immer eine große Rolle. Vielleicht inspirierte ihn sogar die unerfüllt gebliebene Liebe zu Charlotte von Stein, einer verheirateten Dame des Weimarer Hofes, die er 1775 kennen und lieben lernte, zu diesem Gedicht. Das Thema

„Liebe“ fand in jedem Fall vielfältig Eingang in sein literarisches Schaffen. Zu denken ist beispielsweise an Goethes Briefroman „Die Leiden des jungen Werther“. Darin geht es um einen jungen Mann, der über seine unglückliche Liebe zu der mit einem anderen Mann verlobten Lotte berichtet. Sein Schicksal endet tragisch mit einem Selbstmord. Nicht weniger dramatisch ist die Liebe des jungen Gretchens zum verjüngten Faust in Goethes „Faust I“. Ihr fallen Gretchens Bruder, Mutter und Kind zum Opfer. Gretchen, die dafür bestraft werden soll, lässt sich von Faust nicht retten. Sie spürt, dass es Mitleid ist, nicht Liebe.

Schluss
Eigene Gedanken zur Liebe

Auch wenn ich selbst noch keine großen Erfahrungen mit Liebe und Liebeskummer gemacht habe, hat mich die Erkenntnis des lyrischen Ichs in Goethes Gedicht, trotz Schmerzen lieben zu wollen, nachdenklich gemacht. Soll man lieben oder soll man es lieber lassen? Lässt es sich überhaupt ohne Liebe leben? Kann man das Leiden nicht vermeiden? Wo und wie findet man überhaupt die Liebe? Viele Fragen, die ich für mich noch nicht beantworten kann. Auf jeden Fall aber weiß ich, dass ich sie erleben möchte, die „rastlose Liebe“.

Dietrich Schwanitz (1940–2004): Kanon[1], Schrift und Lesekultur (Auszug, 2001)

[…] Unsere Kultur entstammt einer Medienrevolution. Sie erfolgte in zwei Schritten: als Erfindung der Schrift und als Erfindung des Buchdrucks. Durch Umwandlung von mündlicher in schriftliche Kommunikation wurde als Dimension erst faßbar, was dabei identisch blieb: der Sinn. Deshalb wurde Sinn direkt mit Schrift identifiziert und als Logos oder „Heilige Schrift" gefaßt.
Mündliche Verständigung lebt vom selbstproduzierten Energiestrom der eigenen Dramaturgie. In ihr kommt es nicht auf Sachlichkeit an, sondern auf den Beziehungsaspekt und die emotionale Einfärbung. All dies wird in schriftlichen Texten durch die Konzentration auf ein Thema und durch die innere Kohärenz[2] ersetzt.
Erst Schrift hat die Sprache fixiert, kontrollierbar gemacht und am Regelsystem der Grammatik ausgerichtet. Der Tempounterschied zwischen mündlicher Rede und Schrift wird benutzt, um den Sinn zu strukturieren. Durch Linearisierung der Folge Subjekt, Prädikat, Objekt mit all ihren Zusätzen kann die logische Ordnung des Gedankens auf die Reihenfolge der Satzteile abgebildet werden. Dazu bedarf es der Abkopplung von der Außenwelt und der Lenkung der Aufmerksamkeit nach innen. Kurzum, es bedarf der Fähigkeit zur Konzentration.
In den letzten dreißig Jahren ist dieser Fähigkeit ein tödlicher Feind erwachsen: das Fernsehen, vor allem der Fernsehkonsum der Kinder, bevor sie lesen können. Bei ihm entspricht das Tempo der Bilder genau dem Stimulationsbedarf des Hirns. Deshalb absorbiert das Fernsehen die Aufmerksamkeit. Es wirkt wie eine Droge. Fehlt der Nachschub an Stimulation, gibt es sofort Entzugserscheinungen. Entsprechend können sich die Kinder immer weniger konzentrieren. Sie halten die Tempodrosselung für Sinnbildungsprozesse nicht mehr aus. Sie begreifen Unterricht deshalb als eine Art von Unterhaltung, messen den Lehrer an Fernsehstars und zappen ihn weg, wenn er sie langweilt. Mit dem Fernsehen hat die mündliche Kommunikation wieder das Kommando übernommen. Wer seine Phantasiebedürfnisse nicht aus Büchern befriedigt, bevor er fernsieht, entwickelt keine festen Lesegewohnheiten. Für ihn bleibt das Lesen mühselig. Er koppelt sich schließlich von der Schriftkultur ab und sinkt zurück in eine schriftlose Bilderkultur. […]

Aus: Dietrich Schwanitz: Kanon, Schrift und Lesekultur. In: Christiane Zschirnt: Bücher. Alles, was man lesen muss. Frankfurt am Main, Eichborn Verlag 2002, S. 16.

1 Kanon: hier im Sinne „Liste mustergültiger literarischer Werke einer Kultur"
2 Kohärenz: Zusammenhang

Arbeitsauftrag

Erörtern Sie den vorliegenden Textauszug.

- Arbeiten Sie die Kernaussagen des Verfassers heraus.
- Setzen Sie sich argumentativ mit ausgewählten Positionen auseinander.

Lösungsvorschlag

Zur Lösung dieser Aufgabe benötigen Sie Methodenwissen zur textgebundenen Erörterung, denn Sie sollen sich argumentativ mit ausgewählten Positionen des Verfassers im vorliegenden Textauszug auseinandersetzen. Dazu analysieren Sie zunächst die Hauptgedanken des Autors. Lesen Sie den Text genau durch. Nehmen Sie sich Zeit für das Markieren wichtiger Stellen, für Anmerkungen und das Notieren von Fragen, die sich eventuell ergeben. Schlagen Sie, wenn nötig, Wörter wie „Logos", „Linearisierung" und „Stimulation" nach. Fertigen Sie dann eine Stoffsammlung und eine Gliederung an. Es gilt zu entscheiden, welche Positionen des Verfassers Sie erörtern wollen und welchen Standpunkt Sie dazu jeweils einnehmen. Um die Erörterung tiefgründig und interessant zu gestalten, sollten Sie über ausreichend überzeugende Argumente, Begründungen und Beispiele verfügen.

In der Einleitung führen Sie zum Thema des Textes hin, wobei Sie bereits eigene Erfahrungen, z. B. mit Ihrem persönlichen Fernsehkonsum, einbringen können. Benennen Sie zudem den Titel des Textes, den Autor, die Quelle und das Erscheinungsjahr, bevor Sie im Hauptteil als Erstes auf die Kernaussagen eingehen. Bei diesem Aufgabenteil sollten Sie möglichst mit eigenen Worten formulieren und nur besonders wichtige Wortgruppen oder Sätze zitieren, um Ihre Aussagen zu belegen. Die Analyse der sprachlichen Gestaltung wird in der Aufgabenstellung nicht ausdrücklich verlangt, doch das Benennen besonderer Auffälligkeiten kann im Zusammenhang mit der beabsichtigten Textwirkung nützlich sein. Im zweiten Teil des Hauptteils führen Sie Ihre argumentative Auseinandersetzung zu ausgewählten Positionen, bei der Sie eigene Erfahrungen einbringen können. Der vorliegende Text stammt aus dem Jahr 2001, weshalb der Autor noch keine Kenntnis von neueren Entwicklungen wie Smartphones, Tablets und E-Book-Lesegeräten haben kann. Das irritiert vermutlich, denn für Sie dürften diese Dinge heute selbstverständlich zum Thema „Medienrevolution/Mediennutzung" dazugehören. Es bietet sich daher an, solche Weiterentwicklungen in Ihrer Stellungnahme aufzugreifen, Sie sollten darüber den geforderten Bezug zum Ausgangstext jedoch nicht aus dem Blick verlieren. Im Schlussteil können Sie Ihren Standpunkt noch einmal zusammenfassen.

Ich gebe zu, dass ich häufig, wenn ich aus der Schule komme, gleich den Fernseher einschalte. Allerdings ohne mich davor zu setzen, sondern eher, damit es nicht so ruhig in der Wohnung ist, bevor meine Eltern nach Hause kommen. Wenn ich jedoch tatsächlich einmal vor dem Fernseher sitzen bleibe, erschrecke ich meistens darüber, wie viel Zeit vergangen ist. Das, was ich eigentlich vorhatte, habe ich nicht gemacht: Die Hausaufgaben liegen unberührt auf dem Schreibtisch, mein Freund fragt per WhatsApp, wo ich bleibe, das Training hat schon begonnen. Es passiert vermutlich nicht nur mir, dass das Fernsehen einen manchmal in seinen Bann zieht. Der vorliegende, 2001 veröffentlichte Textauszug mit dem Titel „Kanon, Schrift und Lesekultur" von Dietrich Schwanitz bestätigt das. Der Autor äußert darin seine Gedanken zum Thema Schriftkultur und Fernsehkonsum. Er sieht Letztgenanntes besonders kritisch, da es seines Erachtens die Konzentrationsfähigkeit und die Lesegewohnheiten von Kindern sehr negativ beeinflusst.

Einleitung

Eigene Erfahrungen

Basisinformationen zum Text: Autor, Titel, Quelle, Erscheinungsjahr und Thema

Der Textauszug beginnt mit der Feststellung, dass in unserer kulturellen Entwicklung die Erfindung der Schrift und des Buchdrucks eine Medienrevolution ausgelöst hat (vgl. Z. 1 f.). Auch wenn der Sinn der mündlichen und schriftlichen Kommunikation identisch sei, hätte die Verschriftlichung doch große Vorteile mit sich gebracht. Diese Vorteile legt der Autor im Folgenden dar. Er betont, dass „in schriftlichen Texten […] die Konzentration auf ein Thema und […] die innere Kohärenz" (Z. 8 f.) gegenüber der mündlichen Kommunikation von Vorteil sind. Weiterhin zählt er auf, dass „die Sprache fixiert, kontrollierbar gemacht und am Regelsystem der Grammatik ausgerichtet" (Z. 10 f.) werden kann und somit durch Regeln und Struktur logischer wird. Allerdings bedürfe das Lesen von Schrift einer besonderen Aufmerksamkeit und Konzentration. Mit der Metapher „tödlicher Feind" (Z. 17) bezeichnet Schwanitz anschließend das Fernsehen und insbesondere den Fernsehkonsum von Kindern, bevor sie überhaupt lesen gelernt haben. Dieser würde ihre Konzentration aufsaugen und wie eine Droge wirken, Kinder also geradezu abhängig machen. Außerdem sieht der Autor einen Zusammenhang zu schulischen Problemen. Er sagt: Die Kinder „begreifen Unterricht deshalb als eine Art von Unterhaltung, messen den Lehrer an Fernsehstars und zappen ihn weg, wenn er sie langweilt." (Z. 23 ff.) Alles in allem entstünde dadurch bei Kindern kein Bedürfnis mehr nach dem Lesen von

Hauptteil

Analyse der Kernaussagen

Büchern. Sie würden ihre Fantasie nur noch mit dem Fernsehen, das heißt mit einer Art mündlicher Kommunikation, befriedigen und in eine „schriftlose Bilderkultur" (Z. 29 f.) zurückfallen.

Erörterung

Neuer Aspekt: Computer, Internet, Smartphone und Co.

Dietrich Schwanitz betrachtet meiner Ansicht nach die Medienentwicklung sehr einseitig und zu pessimistisch. Für ihn scheinen nur Lesen und Schreiben wichtige Kulturtechniken zu sein, die von Neuen Medien wie dem Fernsehen gefährdet werden. Doch hat es längst eine weitere Medienrevolution gegeben. Nicht mehr nur das Fernsehen begeistert Kinder und Jugendliche, sondern vor allem Computer und Co. haben es uns angetan. Das fängt damit an, dass wir mit dem Computer, Tablet oder Smartphone heute jederzeit Zugang zum Internet haben können. Und damit machen wir sehr viele nützliche Dinge: Wir informieren uns, wir haben Kontakt zu unseren Freunden, wir hören Musik, wir sehen Filme und wir lesen auch. Manchmal lese ich eine Tageszeitung, aber auch das tue ich lieber im Internet. Was ist dagegen einzuwenden?

Beispiele aus dem eigenen Leben

Persönliches Beispiel

Meine kleine Schwester ist begeistert, wenn sie vor dem Abendbrot ihren Lieblingstrickfilm im Fernsehen anschauen oder auch mal mit dem Tablet spielen darf. Das bedeutet allerdings nicht, dass sie „Entzugserscheinungen" (Z. 21) wie bei einer Droge bekommt, wenn die Geräte ausgestellt werden. Schwanitz pauschalisiert hier, denn er erwähnt mit keinem Wort, dass in vielen Elternhäusern von Anfang an auch auf einen maßvollen Umgang mit Fernsehen und Co. geachtet wird. Auch in der Schule wird der kritische Umgang mit Neuen Medien seit Langem thematisiert. Die negativen Aussagen des Autors lassen vermuten, dass er Kinder am liebsten ganz vom Fernsehen abhalten würde, um sie so vermeintlich zu schützen. Das ist in der heutigen mediengeprägten Welt jedoch keine Lösung: Wichtiger ist es, Kinder und Jugendliche zu einer verantwortungsbewussten Mediennutzung zu erziehen.

Pauschale Bewertung des Fernsehens als „Droge"

Neuer Aspekt: Medienerziehung

Konzentrationsverlust durch Fernsehen und Internet?

Schwanitz behauptet weiterhin, dass Kinder durch regelmäßiges Fernsehen auch in der Schule Lehrer einfach „wegzappen" würden, wenn diese sie nicht mehr unterhalten (vgl. Z. 23 ff.). Doch wir vergleichen unsere Lehrer nicht mit Medienstars. Und es ist auch übertrieben, zu behaupten, dass wir durch bewegte Bilder automatisch die Fähigkeit verlieren, uns zu konzentrieren und uns in Ruhe über eine Sache Gedanken zu machen. Der große Erfolg von Kinder- und Jugendbüchern wie „Harry Potter" oder den „Bis(s)"-Romanen zeigt, dass auch die heutige Jugend noch ausdauernd und regelmäßig lesen und in Fantasiewelten eintauchen kann. Ebenso sind Schüler heute trotz regelmäßiger Fernseh- und Internetnutzung in der Lage, konzentriert einen Text zu analysieren und eine Erörterung wie diese zu schreiben.

Kinder lesen nach wie vor

Sicherlich ist es verlockend, nach der Schule vor dem Fernseher oder auf YouTube lustige Sendungen und Clips anzuschauen, um zu entspannen und um so zum Beispiel Schulstress und Notendruck zu vergessen. Das mache ich, wie einleitend geschildert, durchaus auch. Lesen wird für mich dadurch aber nicht „mühselig" (Z. 28). So wie es Texte gibt, die leichter oder schwerer zu lesen und zu verstehen sind, so gibt es auch im Fernsehen Sendungen und Filme mit ganz unterschiedlichem Anspruch. Anstatt das Fernsehen einseitig zu verteufeln („tödlicher Feind", Z. 17), sollte man anerkennen, dass mit Neuen Medien immer auch große Chancen verbunden sind: Menschen, die sonst nicht gerne lesen, können sich in den TV-Nachrichten oder im Internet über das Weltgeschehen informieren. Filme greifen Geschichten und Stoffe der Weltliteratur auf und bieten neue Deutungsmöglichkeiten an. Sie können im Übrigen ebenso zum Lesen der literarischen Vorlagen anregen.

Entspannung durch Mediennutzung

Chancen Neuer Medien

Schluss

Zusammenfassung

Abschließend ist festzuhalten, dass Dietrich Schwanitz meines Erachtens mit seiner Behauptung übertreibt, dass Fernsehkonsum zu einem weitreichenden Rückfall in der Beherrschung wichtiger Kulturtechniken führen würde. Andere Medien haben das Fernsehen zudem längst eingeholt – und auch diese sollten nicht pauschal verurteilt werden. Ein maßvoller Umgang mit Fernsehen und Internet ist sicher wichtig, damit sie nicht zur „Droge" werden. Unser Leben bereichern sie heute aber ungemein.

Sachsen – Besondere Leistungsfeststellung 10. Klasse Deutsch 2017
Thema 1

Elke Heidenreich (geb. 1943): aus einem Vortrag während eines Symposiums der „Gesellschaft für Sprache“ (1998)

Als Kinder haben wir mit Kreide auf die Hauswände gemalt: „Wer das liest, ist doof“. Ach, und diese Freude dann, wenn es Eltern und Lehrer lasen, die Doofen! Heute möchte ich manchmal – gibt es überhaupt noch Kreide? – Kreide nehmen und beschwörend ganz groß auf alle Wände schreiben: „Wer nicht liest, ist doof“. Es gibt eine Menge Leute, die nicht lesen. Und jetzt werden Sie sagen, na, die können dafür sicher prima Fußball spielen und Computer bedienen oder haben mächtig viel Herzenswärme oder Charakter oder sind erfolgreiche Manager. Und ich sage Ihnen: Wer nicht liest, ist trotzdem doof, zum Teufel dann auch mit der Herzenswärme. Die Lust an der Literatur ist auch die Lust am Leben. Die Kunst zu lesen, in ein Buch hineinzufallen, darin zu versinken, kaum noch auftauchen zu können, ist ein Stück Lebenskunst. Das setzt natürlich den Willen voraus, sich auf Geschichten einzulassen, sich aktiv ins Buch hineinzubegeben, sich bewußt von den Zerstreuungen anderer Medien abzuwenden. Dann kann es eine wunderbare ewige Liebesgeschichte werden – die zwischen einem Buch und einem leidenschaftlichen Leser. Und sind die nicht blöde, die der Liebe ausweichen, wenn sie uns begegnet?

Aus: Elke Heidenreich: Wer nicht liest, ist doof, in: Kursbuch. Das Buch. Heft 133, Berlin: Rowohlt, 1998. ISBN 3-87134-133-9

Arbeitsauftrag

Erörtern Sie den vorliegenden Textauszug.

- Arbeiten Sie dazu die Kernthesen der Autorin heraus und erläutern Sie, wie ausgewählte sprachliche Besonderheiten ihre Intention stützen.
- Setzen Sie sich mit mindestens zwei Thesen der Autorin auseinander und beziehen Sie eigene Erfahrungen mit ein.

Lösungsvorschlag

Zur Lösung dieser Aufgabe benötigen Sie Kompetenzen im Bereich der textgebundenen Erörterung. Als Grundlage für die argumentative Auseinandersetzung dient ein Vortrag von Elke Heidenreich. Lesen Sie sich diesen Text zunächst mehrmals genau durch: Es ist zu empfehlen, sich während des Lesens wichtige Stellen zu markieren und zu notieren, was Ihnen sofort auffällt und an welchen Stellen sich für Sie Fragen und Anknüpfungspunkte ergeben.

In der Einleitung können Sie bereits auf Ihre eigenen Leseerfahrungen hinweisen, die ausdrücklich von der Aufgabenstellung eingefordert werden. In jedem Fall sollte die Einleitung die wichtigsten Informationen zum Text liefern (Autor, Quelle, Erscheinungsjahr) und das Thema klar benennen.

Den Hauptteil beginnen Sie mit der sachlichen Wiedergabe von Heidenreichs Ausführungen. Gehen Sie den Text also nochmal Satz für Satz durch und fassen Sie – ohne jede Wertung – zusammen, was Elke Heidenreich in ihrem Vortrag eigentlich sagen möchte. Formulieren Sie Heidenreichs Kernthesen möglichst in eigenen Worten und greifen Sie nur bei besonders markanten Textstellen auf ein wörtliches Zitat zurück. In der Aufgabenstellung wird explizit von Ihnen verlangt, dass Sie ebenfalls erläutern, wie Heidenreich durch den Einsatz sprachlicher Mittel ihre Aussageabsicht unterstützt.

Im zweiten Teil des Hauptteils sollen Sie sich nun mit mindestens zwei Thesen der Autorin argumentativ auseinandersetzen, d. h. eine eigene Position dazu einnehmen. Dabei ist es weniger wichtig, ob Sie Heidenreichs Behauptungen zustimmen oder diese ablehnen. Entscheidend ist, dass Sie genau begründen, wie Sie zu Ihrer Einschätzung gelangen. Greifen Sie hier unbedingt – wie es die Aufgabenstellung vorgibt – auf Ihre eigenen Erfahrungen zurück. Fassen Sie im Schlussteil Ihre eigene Position noch einmal verständlich und präzise zusammen.

Einleitung
Eigene Erfahrungen

Ich lese gerade den Roman „Tschick“ von Wolfgang Herrndorf. Als meine Mutter ihn mir zum Geburtstag schenkte, war ich nicht so begeistert. Ich hatte gehofft, endlich ein neues Smartphone oder wenigstens das schon seit Weihnachten auf dem Wunschzettel stehende Computerspiel zu bekommen. Da sie nun schon zum dritten Mal gefragt hat, wie mir das Buch gefällt, habe ich schließlich doch angefangen, es zu lesen, mehr um ihr einen Gefallen zu tun als aus wirklichem Interesse. Aber ehrlich, ich muss zugeben, dass ich es kaum wieder aus der Hand legen kann. Die Geschichte der beiden Außenseiter hat mich gepackt. Vielleicht, weil ich mich selbst manchmal so fühle. Ob meine Mutter mir deshalb das Buch geschenkt hat? Oder will sie mich einfach zum

Lesen bringen, weil das ihrer Ansicht nach eine wertvollere Freizeitbeschäftigung ist als „das ständige Herumspielen mit digitalen Endgeräten“, wie sie es immer nennt? Auch die Autorin Elke Heidenreich ist davon überzeugt, dass Bücher unser Leben bereichern. In einem Vortrag während eines Symposiums der „Gesellschaft für Sprache“ im Jahr 1998 äußerte sie sich sehr emotional zum Lesen und dem damit verbundenen Gewinn für das eigene Leben.

Basisinformationen zum Text: Autor, Quelle, Erscheinungsjahr und Thema

Der Auszug aus diesem Vortrag beginnt mit einer Kindheitserinnerung von Heidenreich, dem auf Hauswänden gemalten Satz „Wer das liest, ist doof“ (Z. 1 f.), den sie zur provozierenden These „Wer nicht liest, ist doof“ (Z. 4) umformuliert. Sie stellt ihren folgenden Gedanken die Behauptung voran, dass „eine Menge Leute [...] nicht lesen“ (Z. 5), und zählt sofort Fähigkeiten und Charakterzüge auf, über die diese Leute statt der Begeisterung fürs Lesen vermutlich verfügen („prima Fußball spielen und Computer bedienen oder [...] viel Herzenswärme [haben]“, Z. 6 f.). Unbeirrt bleibt sie jedoch dabei: „Und ich sage Ihnen: Wer nicht liest, ist trotzdem doof [...].“ (Z. 7 f.) Durch die direkte Ansprache an den Zuhörer fordert Elke Heidenreich zur eigenen Auseinandersetzung auf, zum Nachdenken auch über die nächste These: „Die Lust an der Literatur ist auch die Lust am Leben.“ (Z. 9)

Hauptteil

Darstellung der Kernthesen

Sie beschwört geradezu mit bildhaften Ausdrücken, wie z. B. „in ein Buch hineinzufallen, darin zu versinken, kaum noch auftauchen zu können“ (Z. 10 f.), ein Leseverhalten, das zu einer „wunderbare[n] ewige[n] Liebesgeschichte“ (Z. 13 f.) zwischen einem Buch und seinem Leser werden kann. Voraussetzung dafür sei jedoch der Wille, sich auf diese Liebe einzulassen und anderen Medien zu widerstehen (vgl. Z. 11 ff.). Die durch das umgangssprachliche Adjektiv „blöde“ provokativ erscheinende rhetorische Frage „Und sind die nicht blöde, die der Liebe ausweichen, wenn sie uns begegnet?“ (Z. 15 f.) verlangt geradezu eine Bestätigung.

Sprachliche Besonderheiten in Form und Wirkung

Elke Heidenreich will auf jeden Fall mit ihrem Text die Lust auf das Lesen und auf das Eintauchen in Geschichten wecken. Sie ist überzeugt, dass das Lesen unser Leben bereichert, und warnt indirekt vor der oberflächlichen Zerstreuung durch andere Medien.

Intention des Vortrags

Mich macht das alles sehr nachdenklich, lese ich doch bisher meist nur dann, wenn es im Deutschunterricht verlangt ist. Und dabei kann ich mich noch gut erinnern, dass ich als Kind sehr

Erörterung

Persönliches Leseverhalten

gern Abenteuer- und Fantasiegeschichten gelesen habe, in die ich mich regelrecht hineinversetzen konnte. Sogar nachts unter der Bettdecke habe ich mit einer Taschenlampe heimlich weitergelesen, am Tag manchmal die Geschichten weitergesponnen. Was ist passiert, dass ich heute erst zum Lesen gezwungen bzw. überredet werden muss?

1. These: Ablenkung durch unterschiedliche Medien

Ich glaube, eine wesentliche Rolle dabei spielen digitale Medien und soziale Netzwerke (vgl. Z. 12 f.). Es macht Spaß, PC-Spiele zu spielen und dabei die Zeit zu vergessen. Es gehört dazu, als Jugendlicher ein cooles Smartphone zu besitzen und es bei jeder sich bietenden Gelegenheit in die Hand zu nehmen. Es geht leichter und schneller, im Internet nach wichtigen und unwichtigen Informationen zu suchen oder angesagte Klamotten zu bestellen. Es ist üblich, nach der Schule mit den Freunden zu chatten und ihre Selfies zu liken. Für all das braucht man natürlich Zeit, die dann für andere Dinge, wie z. B. das Lesen, fehlt.

Sich mehr Zeit zum Lesen nehmen

Letztendlich hilft da nur eins: Prioritäten verschieben. Also weniger Zeit für Computerspiele und unnötige Chats auf Instagram, stattdessen Zeit für ein Buch. Weniger oberflächliche und zeitraubende Kontakte im Internet, stattdessen aktive gedankliche Auseinandersetzung mit einem Buch. Ich meine, dass es möglich ist, in einer digitalen Welt medialen Ablenkungen zu widerstehen, um Zeit für andere, persönlichen Gewinn bringende Freizeitaktivitäten zu haben.

2. These: Wert des Lesens

Dazu sollte auch und vor allem das Lesen zählen, weil es jeden Menschen bereichert (vgl. Z. 9 ff.). Es erklärt uns die Welt und macht uns klüger. Es unterhält uns und bringt uns zum Lachen. Es kann so vieles mehr und für jeden etwas anderes.

Schluss

Eigene Erfahrungen mit Büchern

Der Schachzug meiner Mutter, mir den Roman „Tschick“ in die Hand zu drücken, hat bei mir jedenfalls einiges bewirkt. Nicht nur, dass ich gut unterhalten werde, nein, ich habe auch so etwas wie ein Glücksgefühl. Das klingt jetzt vielleicht albern, aber es ist wirklich nicht übertrieben. Ich fühle mit den jugendlichen Helden des Romans mit, erfahre, dass meine eigenen Probleme offensichtlich auch anderen Menschen zu schaffen machen, und habe dabei noch großen Spaß.

Wie doof wäre ich doch, nicht zu lesen.

Robert Walser (1878–1956): Basta (1917)

Ich kam dann und dann zur Welt, wurde dort und dort erzogen, ging ordentlich zur Schule, bin das und das und heiße so und so und denke nicht viel. Geschlechtswegen bin ich ein Mann, staateswegen bin ich ein guter Bürger und rangeshalber gehöre ich zur besseren Gesellschaft. Ich bin ein säuberliches, stilles nettes Mitglied der menschlichen Gesellschaft, ein sogenannter guter Bürger, trinke gern mein Glas Bier in aller Vernunft und denke nicht viel. Auf der Hand liegt, daß ich mit Vorliebe gut esse, und ebenso liegt auf der Hand, daß mir Ideen fern liegen. Scharfes Denken liegt mir nämlich fern; Ideen liegen mir vollständig fern, und deshalb bin ich ein guter Bürger, denn ein guter Bürger denkt nicht viel. Ein guter Bürger ißt sein Essen … und damit basta!

Den Kopf strenge ich nicht sonderlich an, ich überlasse das andern Leuten. Wer den Kopf anstrengt, macht sich verhaßt; wer viel denkt, gilt als ungemütlicher Mensch. Schon Julius Cäsar deutete mit dem dicken Finger auf den mageren hohläugigen Cassius[1], vor dem er sich fürchtete, weil er Ideen bei ihm vermutete. Ein guter Bürger darf nicht Furcht und Verdacht einflößen; vieles Denken ist nicht seine Sache. Wer viel denkt, macht sich unbeliebt, und es ist vollständig überflüssig, sich unbeliebt zu machen. Schnarchen und Schlafen ist besser als Dichten und Denken. Ich kam dann und dann zur Welt, ging dort und dort zur Schule, lese gelegentlich die und die Zeitung, treibe den und den Beruf, bin so und so alt, scheine ein guter Bürger zu sein und scheine gern gut zu essen. Den Kopf strenge ich nicht sonderlich an, da ich das andern Leuten überlasse. Vieles Kopfzerbrechen ist nicht meine Sache, denn wer viel denkt, dem tut der Kopf weh, und Kopfweh ist vollständig überflüssig. Schlafen und Schnarchen ist besser als Kopfzerbrechen, und ein Glas Bier in aller Vernunft ist weitaus besser als Dichten und Denken. Ideen liegen mir vollständig fern, und den Kopf will ich mir unter keinen Umständen zerbrechen, ich überlasse das leitenden Staatsmännern. Dafür bin ich ja ein guter Bürger, damit ich Ruhe habe, damit ich den Kopf nicht anzustrengen brauche, damit mir Ideen völlig fern liegen und damit ich mich vor zu vielem Denken ängstlich fürchten darf. Vor scharfem Denken habe ich Angst. Wenn ich scharf denke, wird es mir ganz blau und grün vor den Augen. Ich trinke lieber ein gutes Glas Bier und überlasse jedwedes scharfes Denken leitenden Staatslenkern. Staatsmänner können meinetwegen so scharf denken wie sie wollen und so lang, bis ihnen die Köpfe brechen. Mir wird immer ganz blau und grün vor den Augen, wenn ich den Kopf anstrenge, und das ist nicht gut, und deshalb strenge ich den Kopf so wenig wie möglich an und bleibe hübsch kopflos und gedankenlos. Wenn nur leitende Staatsmänner denken, bis es ihnen grün und blau vor den Augen wird und bis ihnen der Kopf zerspringt, so ist alles in Ordnung, und unsereins kann ruhig sein Glas Bier in aller Vernunft trinken, mit Vorliebe gut essen und nachts sanft schlafen und schnarchen, in der Annahme, daß Schnarchen und Schlafen besser seien als Kopfzerbrechen und besser als Dichten und Denken. Wer den Kopf anstrengt, macht sich nur verhasst, und wer Absichten und Meinungen bekundet, gilt als ungemütlicher Mensch, aber ein guter Bürger soll kein ungemütlicher, sondern ein gemütlicher Mensch sein: Ich überlasse in aller Seelenruhe scharfes und kopfzerbrechendes Denken leitenden Staatsmännern, denn unsereins ist ja doch nur ein solides und unbedeutendes Mitglied der menschlichen Gesellschaft und ein sogenannter guter Bürger oder Spießbürger, der gern sein Glas Bier in aller Vernunft trinkt und gern sein möglichst gutes fettes nettes Essen isst und damit basta! Staatsmänner sollen denken, bis sie gestehen, daß es ihnen grün und blau vor den Augen ist und daß sie Kopfweh haben. Ein guter Bürger soll nie Kopfweh haben, vielmehr soll ihm immer sein gutes Glas Bier in aller gesunden Vernunft schmecken, und er soll des Nachts sanft schnarchen und schlafen. Ich heiße so und so, kam dann und dann zur Welt, wurde dort und dort ordentlich und pflichtgemäß in die Schule gejagt, lese gelegentlich die und die Zeitung, bin von Beruf das und das, zähle so und so viele Jahre und verzichte darauf, viel und angestrengt zu denken, weil ich Kopfanstrengung und Kopfzerbrechen mit Vergnügen leitenden und lenkenden Köpfen überlasse, die sich verantwortlich fühlen. Unsereins fühlt weder hinten noch vorn Verantwortung, denn unsereins trinkt sein Glas Bier in aller Vernunft und denkt nicht viel, sondern überläßt dieses sehr eigenartige Vergnügen Köpfen, die die Verantwortung tragen. Ich ging da und da zur Schule, wo ich genötigt wurde, den Kopf anzustrengen, den ich seither nie mehr wieder einigermaßen angestrengt und in Anspruch genommen habe. Geboren bin ich dann und dann, trage den und den Namen, habe keine Verantwortung und bin keineswegs einzig in meiner Art. Glücklicherweise gibt es recht viele, die sich, wie ich, ihr Glas Bier in aller Vernunft schmecken lassen, die ebenso wenig denken und es ebenso wenig lieben, sich den Kopf zu zerbrechen wie ich, die das lieber andern Leuten, z. B. Staatsmännern freudig überlassen. Scharfes Denken liegt mir stillem Mitglied der menschlichen Gesellschaft gänzlich fern und glücklicherweise nicht nur mir, sondern Legionen von solchen, die, wie ich, mit Vorliebe gut essen und nicht viel denken, so und so viele Jahre alt sind, dort und dort erzogen worden sind, säuberliche Mitglieder der menschlichen Gesellschaft sind wie ich und gute Bürger sind wie ich, und denen scharfes Denken ebenso fern liegt wie mir und damit basta!

Aus: Walser, Robert: Basta. In: Ders. (Hrsg.): Kleine Prosa. A. Francke, Bern 1917.

1 Cassius gilt als einer der Hauptverschwörer gegen Julius Cäsar, bei dessen Bestreben, die Alleinherrschaft in Rom zu erlangen.

Arbeitsauftrag

Interpretieren Sie Robert Walsers Text.

- Arbeiten Sie dazu insbesondere die im Text dargestellten Charakterzüge eines guten Bürgers heraus.
- Erläutern Sie ausgewählte formale und sprachliche Gestaltungsmittel in ihrer Funktion.

Lösungsvorschlag

Der Arbeitsauftrag fordert von Ihnen die Interpretation eines kurzen Prosatextes von Robert Walser. Bei der Lektüre von „Basta" werden Sie bemerken, dass dieser Text weniger eine handfeste Geschichte erzählt, sondern vielmehr die Gedanken einer Person wiedergibt. Lesen Sie den Text am besten mehrmals durch und markieren Sie dabei, was Ihnen an inhaltlichen und sprachlichen Besonderheiten, aber auch an Widersprüchlichkeiten auffällt.

In der Einleitung nennen Sie die wichtigsten Informationen zum Text und stellen knapp dar, worum es in dem Text geht. Sollten Sie an dieser Stelle eigene Erfahrungen mit einbringen, ist es empfehlenswert, diese im Schlussteil noch einmal aufzugreifen.

Im Hauptteil analysieren und interpretieren Sie den Text nach den Ihnen aus dem Unterricht bekannten Methoden. Um der Aufgabenstellung gerecht zu werden, müssen Sie v. a. versuchen nachzuvollziehen, wie der Ich-Erzähler denkt und welche Charakterzüge ein guter Bürger angeblich aufzuweisen hat. Sie werden schnell feststellen, dass markante sprachliche und formale Auffälligkeiten im Text vorliegen, die Ihnen helfen, die Argumentation des Erzählers zu durchschauen bzw. die Aussageabsicht des Autors Robert Walsers zu verstehen. Vorsicht: Der Text sagt mehr aus, als es auf den ersten Blick scheint. Insbesondere das Entstehungsjahr des Textes dürfte Ihnen einen wichtigen Hinweis darauf geben, wie die Aussagen des Ich-Erzählers zu verstehen sind. Versuchen Sie dafür, Ihr geschichtliches Wissen zu aktivieren: Welches Ereignis dominierte diese Zeit? In welcher Staatsform lebte man damals? Welche Konsequenzen hatte all das für den einzelnen Bürger?

Im Schlussteil können Sie Ihre Interpretationsergebnisse knapp zusammenfassen und beispielsweise Ihre eigene Meinung zum Thema des Textes darlegen.

Ich wurde in Hoyerswerda geboren und besuche hier ein Gymnasium. Nach der Schule spiele ich in einem Sportverein Fußball, treffe mich mit meinen Kumpels oder sitze am Computer. Meine Eltern sind beruflich sehr eingebunden und in ihrer Freizeit auch noch aktiv. Trotzdem ist unser gemeinsames Abendessen ein Ritual, das wir so oft wie möglich genießen. Jeder berichtet dann von seinem Tag, zusammen werden wichtige Dinge besprochen und manchmal wird einfach nur diskutiert. Nicht immer bin ich dabei der gleichen Meinung wie meine Eltern, aber darum geht es ihnen auch nicht. Sie wollen einfach, dass ich mit offenen Augen durch die Welt gehe, mir Gedanken mache und mir eine Meinung bilde, die ich dann auch vertrete. Wenn man Robert Walsers Text „Basta“ aus dem Jahr 1917 liest, könnte man jedoch auf die Idee kommen, dass das nicht die richtige Einstellung zum Leben ist und Erziehung von Kindern anders aussehen sollte. Schnell wird jedoch die Ironie deutlich, mit der hier ein sogenannter „guter Bürger“ charakterisiert wird.

Einleitung
Informationen zur eigenen Erziehung

Basisinformationen zum Text: Autor, Titel, Erscheinungsjahr und Thema

Der innere Monolog des Ich-Erzählers beginnt mit unbestimmten Angaben zu seiner Person, er „kam dann und dann zur Welt, wurde dort und dort erzogen, ging ordentlich zur Schule [und ist] ein sogenannter guter Bürger […]“ (Z. 1 ff.). Die unkonkreten Aussagen zu seiner Geburt, seiner Erziehung und Ausbildung werden im ersten Abschnitt des Textes noch ergänzt durch sein Bekenntnis zu gutem Essen und Trinken sowie das Eingeständnis seiner Denkfaulheit und Ideenlosigkeit: „Denken liegt mir nämlich fern; Ideen liegen mir vollständig fern […].“ (Z. 8) Diese Selbstreflexion endet mit dem Fazit: „[D]eshalb bin ich ein guter Bürger, denn ein guter Bürger denkt nicht viel. Ein guter Bürger ißt sein Essen … und damit basta!“ (Z. 9 f.) Die Interjektion „basta“, die auch Titel des Textes ist, bringt dabei auf umgangssprachliche Weise deutlich die Unumstößlichkeit seiner Ansichten und die Unmöglichkeit einer Veränderung zum Ausdruck.

Hauptteil
Analyse und Deutung

Diese im ersten Abschnitt getroffenen Grundaussagen zur Person des „guten Bürgers“ wiederholt, variiert und ergänzt der Autor im weiteren Verlauf des Textes. Das wird beim Lesen spätestens dann deutlich, wenn man der Formulierung des ersten Satzes „Ich kam dann und dann zur Welt“ (Z. 18) sowie dem rigorosen „basta“ zum zweiten bzw. dritten Mal begegnet (Z. 48, 72). Durch diese Wiederholungen bekommt der Text sowohl Rahmung als auch Strukturierung.

Formale Gestaltung: Wiederholung und Variation von Sätzen

Besonders nachhaltig und anschaulich begründet der gute Bürger seine Abneigung gegenüber jeder Form des Denkens („Den Kopf strenge ich nicht sonderlich an, ich überlasse das andern Leuten", Z. 11) und gibt auch gleich einen scheinbaren Autoritätsbeweis, indem er Julius Cäsar erwähnt, der sich vor seinem Erzfeind Cassius und dessen Ideen fürchtete (vgl. Z. 13 f.). Da ein guter Bürger also „nicht Furcht und Verdacht einflößen [darf]" (Z. 15), wären „Schnarchen und Schlafen […] besser als Dichten und Denken" (Z. 17 f.). Die verwendeten Alliterationen verstärken hier die Aussagen des Ich-Erzählers deutlich.

Der gute Bürger und das Denken

Eine solche Verstärkung erreicht Robert Walser auch durch auffällige Parallelismen, der gute Bürger ging „dort und dort zur Schule", liest „die und die Zeitung", treibt „den und den Beruf" und ist „so und so alt" (Z. 18 f.). Die insgesamt ungenauen, allgemeingültigen Angaben sind einerseits Ausdruck der Zeitlosigkeit der Existenz sogenannter „guter Bürger", andererseits aber auch Hinweis auf ihre allgegenwärtige Präsenz und große Anzahl.

Sprachlich-stilistische Besonderheiten

So heißt es dann auch: „[D]en Kopf will ich mir unter keinen Umständen zerbrechen, ich überlasse das leitenden Staatsmännern" (Z. 25 f.), eine Aussage, die der Erzähler ebenfalls mehrfach wiederholt und sprachlich variiert, wodurch die Ironie allzu deutlich wird („[Ich] überlasse jedwedes scharfes Denken leitenden Staatslenkern. Staatsmänner können meinetwegen so scharf denken", Z. 31 f.; „Ich überlasse in aller Seelenruhe scharfes und kopfzerbrechendes Denken leitenden Staatsmännern" Z. 43 f.). Im Gegensatz zu denen, die also denken sollen, weil sie an der Spitze eines Staates stehen, trinkt „ein solides und unbedeutendes Mitglied der menschlichen Gesellschaft und ein sogenannter guter Bürger oder Spießbürger" (Z. 45 f.) sein Bierchen und isst „sein möglichst gutes fettes nettes Essen" (Z. 47). Der gute Bürger wird hier ganz deutlich zum „sogenannte[n] gute[n] Bürger" bzw. zum „Spießbürger" und erscheint gleichsam als der Sprecher all dieser ängstlichen, engstirnigen und geistig unbeweglichen Vertreter einer Gesellschaft, die Veränderungen scheuen und konform sind mit dem, was ihnen vorgesetzt wird, von „Staatsmänner[n] [, die] denken, bis sie gestehen, daß es ihnen grün und blau vor den Augen ist" (Z. 48 f.).

Ironie in „Basta"

Dass es von diesen „guten Bürgern" mehr als genug Vertreter gibt, ist für unseren Ich-Erzähler geradezu ein Glückszustand („Glücklicherweise gibt es recht viele", Z. 63). Die Metapher

Große Anzahl der Nicht-Denker

„Legionen" (Z. 68) betont ihre Stärke und sollte den Leser nachdenklich machen. Nachdenken über die Intention des Autors, über die Frage, was denn eigentlich unter einem „guten Bürger" zu verstehen ist und inwiefern das alles in der heutigen Zeit Relevanz hat.

Zusammenfassende Interpretation

Robert Walser grenzt sich meiner Meinung nach in diesem Text ganz deutlich vom Ich-Erzähler und damit vom Spießbürgertum ab. Ihn verbindet keine Sympathie mit Menschen, die namen- und gesichtslos sind, die sich anpassen und unterordnen, keine eigene Meinung haben und sich treiben lassen. Dafür sprechen die deutlichen, vielfältigen Ironiesignale bzw. der Widerspruch an sich, dass er einen scheinbar völlig passiven Menschen, der von sich behauptet, nicht zu denken und keinen Anspruch zu haben, seine Gedanken so intensiv und nachdrücklich formulieren, begründen und wiederholen lässt.

Bezug zum Entstehungszeitraum des Textes

Da der Text „Basta" im Jahr 1917 entstanden ist, denkt man zwangsläufig an den historischen Kontext: Der Erste Weltkrieg war in ein neues Stadium eingetreten. Obwohl der Ausgang noch offen war, deutete sich die schreckliche Katastrophe schon an. Hunger breitete sich aus und Menschen starben. Kriegsversehrte, invalide Männer kamen nach Hause. Das Vertrauen in den Staat war verwirkt. Ein Denken und Handeln oder – besser gesagt – Nicht-Handeln wie das unseres „guten Bürgers" war vielleicht Überlebensstrategie oder Verdrängungstaktik schlechthin. Sicher war jedoch auch damals, dass etwas passieren würde und dass Veränderungen zu erwarten waren.

Schluss
Eigene Meinung

Menschen, die Veränderungen nicht mögen und sich aus allem raushalten, gibt es jedoch viele, auch in meinem Umfeld. Mir fällt es schwer, das zu akzeptieren, bekomme ich doch von meinen Eltern eine andere Strategie vorgelebt. Meine Eltern mischen sich ein, sind politisch aktiv und erziehen mich zu einem kritischen Geist, der anderen nicht einfach nur nachläuft, sondern die Dinge hinterfragt.

Sachsen – Besondere Leistungsfeststellung 10. Klasse Deutsch 2018
Thema 1

Gerhard Branstner (1927–2008): Wer den Mörder verschont, wird mit Leichen belohnt

Der Wolf war in eine tiefe Grube gestürzt und rief um Hilfe. Das hörte ein Lamm, und weil der Wolf ihm leid tat, suchte es eine lange Wurzel, an der sich der Wolf aus der Grube zog. Statt sich aber bei dem Lamm zu bedanken, fiel er sogleich über es her, um es zu fressen.

Das Lamm zeterte laut über die Undankbarkeit des Wolfes, der Wolf aber setzte dagegen, dass es widersinnig sei, gerettet zu werden, um dann Hungers zu sterben. Diese Antwort verwirrte das Lamm, und als ein kleiner Hund daherkam, bat das Lamm ihn, die Sache zu entscheiden.

Der wird schon wissen, was ihn erwartet, wenn er nicht für mich stimmt, dachte der Wolf und war damit einverstanden, dass der Hund den Richter machte.

Der Hund überlegte eine Weile, dann sagte er: Wer einen Wolf rettet, verdient auch, von ihm gefressen zu werden. Und damit stieß der Hund das Lamm in die Grube.

Der Wolf bedankte sich für den klugen Richterspruch, sprang dem Lamm nach und machte sich über es her.

Du musst sterben, sagte der Hund zu dem Lamm, damit deinesgleichen am Leben bleibt! Und flugs zog er die Wurzel aus der Grube und zerbiss sie in kleine Stücke.

Aus: Gerhard Branstner: Der Esel als Amtmann. Buchverlag Der Morgen: Berlin 1997, S. 6.

Arbeitsauftrag

Interpretieren Sie den Text.

- Ordnen Sie den Text einem literarischen Genre zu und begründen Sie Ihre Entscheidung.
- Erschließen Sie den Sinngehalt des Textes und verdeutlichen Sie dabei den Zusammenhang zwischen inhaltlicher und formaler Gestaltung.

Lösungsvorschlag

Das Thema 1 verlangt von Ihnen Kompetenzen im Interpretieren von literarischen Texten. Die Aufgabenstellung „Interpretieren Sie den Text" lässt dabei offen, um welche Gattung allgemein und welche Gattungsform (Genre) insbesondere es sich dabei handelt.
Mit der ersten Teilaufgabe werden Sie dazu aufgefordert, diese Einordnung des Textes vorzunehmen und entsprechend zu begründen. Die zweite Teilaufgabe konkretisiert dann die Anforderungen an eine Interpretation, die darauf hinausläuft, dass man durch eine Analyse zum Erschließen des Sinngehaltes des Textes gelangt. Verwiesen wird außerdem auf den dabei zu berücksichtigenden Zusammenhang von inhaltlicher und formaler Gestaltung des Textes.
Für die Einleitung Ihres Aufsatzes bietet sich neben den üblichen Übersichtsinformationen eine besondere Berücksichtigung des Titels an, den der Autor seinem Text gegeben hat. Im Hauptteil gilt es dann, sowohl die Textart zu bestimmen und zu begründen als auch den Text zu analysieren und zu deuten. Der Schlussteil kann die thematisierten moralischen Fragen in die Gegenwart übertragen.

Einleitung

Übersichtsinformationen

Wirkung des Titels

Der Titel des 1977 in „Der Esel als Amtmann" erschienenen Textes von Gerhard Branstner könnte geradewegs aus einem Krimi stammen. Und zwar aus einem, der versucht, gleichermaßen Spannungsvolles und Humoriges zu verbinden. „Wer den Mörder verschont, wird mit Leichen belohnt" klingt für mich weder besonders dramatisch noch wirklich witzig, aber auf jeden Fall interessant. Hier werden Worte, die für eine verwerfliche Tat stehen, „Mörder" und „Leichen", in einen Reim gebracht, der in seiner Einfachheit sofort an Kinderlieder und Abzählreime erinnert.

Rhetorische Fragen zur Überleitung

Was ist das für ein Text, der einen solch eigenartigen Titel trägt? Worum geht es darin? Welche Aussageabsicht verbirgt sich dahinter? Meine Neugier ist geweckt.

Hauptteil

Einordnung des Textes als Fabel

Deutlich erkennbar handelt es sich bei dem vorliegenden kurzen epischen Text um eine Fabel. Hier handeln und sprechen Tiere und verkörpern dabei menschliche Eigenschaften. Der Wolf ist gierig und böse, das Lamm schwach und dumm, der Hund klug und listig. Die Kürze des Textes und die einfache, leicht verständliche Sprache sowie die Einheit von Ort, Zeit und Handlung sprechen ebenso für die Fabel als Textart wie auch der durch den Titel vorangestellte, ungewöhnliche Lehrsatz.

Charakteristisch für eine Fabel ist auch der stereotype Aufbau aus drei Teilen: Ausgangssituation, Streit (Gespräch) und Lösung. Dennoch gelingt dem Autor bei der Umsetzung dieses klassischen Aufbaus ein besonders markanter Spannungsbogen.

Analyse von Inhalt und Form sowie Deutung

Der Text beginnt im Sinne einer Exposition mit der knappen Schilderung der Vorgeschichte. Ein Wolf wird von einem Lamm mit einer langen Wurzel aus einer Grube befreit. Anstatt sich jedoch zu bedanken, will er das Schaf fressen, da „es widersinnig sei, gerettet zu werden, um dann Hungers zu sterben“ (Z. 6). Diese, im zweiten Absatz vom Autor in indirekter Rede formulierte Antwort des rücksichtslosen, gierigen Wolfes unterstreicht die Gefahr und Ausweglosigkeit, in der sich das schutzlose, schwache Lamm befindet. Es bittet deshalb einen kleinen, vorbeikommenden Hund um Unterstützung (vgl. Z. 7 f.).

Konflikt zwischen Wolf und Lamm

Dass der Hund mit dem Adjektiv „klein“ beschrieben wird, gibt dem nachfolgenden Einverständnis des Wolfes noch mehr Nachdruck. Dieser stimmt zu, den Hund als Richter entscheiden zu lassen, ist ihm doch seine eigene körperliche Überlegenheit bewusst. „Der wird schon wissen, was ihn erwartet, wenn er nicht für mich stimmt […]“ (Z. 9) ist sein – natürlich nicht laut geäußerter – Gedanke am Höhepunkt der Spannungskurve. Der gescheite, listige Hund jedoch überlegt und sagt dann: „Wer einen Wolf rettet, verdient auch, von ihm gefressen zu werden“ (Z. 11 f.), wobei er das Lamm in die Grube stößt. Diese, nun in direkter Rede formulierte, überraschende Antwort des Hundes ist das Todesurteil für das Schaf und als solches der Wendepunkt in der Handlung der Geschichte.

Hund als Richter

Dem Wolf, der sich für „den klugen Richterspruch“ (Z. 14) noch bedankt, werden nun seine eigene Blödigkeit und Gier zum Verhängnis. Ohne über die Folgen nachzudenken, springt er dem Lamm hinterher. Der Hund, der genau das beabsichtigt hat, zieht die Wurzel aus der Grube und zerbeißt sie. Mit dieser symbolischen Handlung wird deutlich, dass nun auch das Schicksal des Wolfes besiegelt ist. Er wird nicht mehr gerettet werden und selbst sterben. Das Raubtier entgeht seiner gerechten Strafe nicht.

Richterspruch des Hundes

In wiederum prägnant formulierter direkter Rede lässt der Autor den Hund zu dem sterbenden Lamm sagen: „Du musst sterben […], damit deinesgleichen am Leben bleibt!“ (Z. 16 f.). Ohne Zeichensetzung für die wörtliche Rede an sich, jedoch mit einem

Begründung des Hundes

– die Bedeutsamkeit dieser Aussage verdeutlichenden – Ausrufezeichen erklärt dieser Satz: Die Opferung des Lammes ist nicht in erster Linie Strafe für dessen naiven Fehler, sondern vor allem eine Notwendigkeit für die Befreiung von einem gefährlichen, bösen Räuber.

Zusammenfassung

Nicht nur durch die wie Menschen handelnden, denkenden und sprechenden Tiere in den dargestellten charakteristischen Stereotypen, sondern auch durch eine klar nachvollziehbare Struktur und eine leicht verständliche Sprache zeichnet sich dieser Text als moderne Fabel aus. Dazu kommen noch offensichtlich zugrunde liegende moralische Fragen.

Schluss

Moralische Fragen

Für mich stellen sich diese moralischen Fragen so: Darf man den Tod eines Menschen in Kauf nehmen oder sogar herbeiführen, um andere zu retten? Wann ist eine solche Entscheidung moralisch gerechtfertigt? Ist sie überhaupt jemals gerechtfertigt? Die Fragen, die Branstner in seinem literarischen Text gleichermaßen unterhaltsam und prägnant aufwirft, beschäftigten Menschen in der Vergangenheit und beschäftigen sie bis heute. Eine Antwort, die allgemeingültig ist, lässt sich nicht finden, glaube ich. Umso deutlicher wird deshalb, dass die literarische Auseinandersetzung mit diesen Fragen in Georg Branstners Fabel „Wer den Mörder verschont, wird mit Leichen belohnt“ bis in die Gegenwart Aktualität hat und zum Nachdenken anregt.

Aktualität des Textes

Sachsen – Besondere Leistungsfeststellung 10. Klasse Deutsch 2018
Thema 2

Axel Hacke: Anstand (2017)

Über das Anständigsein habe ich, ehrlich gesagt, nie besonders nachgedacht, es war mir immer etwas selbstverständlich Gutes.
Anständig zu sein bedeutet, so fand ich, Rücksicht auf andere zu nehmen, und zwar auch dann, wenn einem gerade *nicht* unbedingt danach zumute ist, also: in der Trambahn für ältere Menschen aufzustehen, auch wenn man selber müde ist; einen kranken Freund zu besuchen, auch wenn man eigentlich keine Zeit hat; sich in einer Schlange nicht vorzudrängeln, auch wenn man es eilig hat …
Einfache Dinge, zunächst.
Sich nicht selbst in den Vordergrund zu stellen, sondern zu bedenken, dass andere Menschen nicht weniger Rechte im Alltag und im Leben haben als ich. Nach Möglichkeit zu überlegen, welche Folgen das eigene Verhalten für andere haben kann. Sich an die Regeln auch dann zu halten, wenn gerade keiner guckt. Ich empfand es immer als großes Lob, wenn jemand über einen anderen sagte: Das ist ein anständiger Kerl. Offen gestanden glaubte ich, dass die meisten Menschen ein Gefühl dafür in sich tragen, einen gewissen Sinn dafür, wie es ist, nicht allein auf der Welt zu sein, und was man dafür tun muss, dass man vernünftig mit anderen zusammenlebt.
Ich glaube es immer noch.
Aber es kommen Zweifel.
Es schwappt ja seit einer Weile nicht bloß eine Woge der Anstandslosigkeit um die Welt – es tobt ein Ozean. […]
Wir haben in vieler Hinsicht das Gefühl dafür verloren, was es bedeutet, eine Gesellschaft zu sein, zusammenzugehören, sich auseinanderzusetzen, wir haben so oft kein Ideal mehr davon, was es bedeutet, ein Bürger zu sein, wir sind getrieben von der technischen Entwicklung, von der Nötigung zur ständigen Selbstdarstellung, von diffusen Ängsten, die wir uns einerseits nicht eingestehen oder andererseits total übertreiben. Wir sind hysterisch, wo wir nüchtern sein müssten, und unaufmerksam, wo wir wachsam sein sollten. […]
Menschen können nur im Zusammenleben mit anderen existieren, und diesem Zusammenleben gilt es, Aufmerksamkeit zu schenken. Unsere Gesellschaft tendiert dazu, das zu vergessen. Wir ziehen uns in die Sicherheit der eigenen sozialen Schicht zurück. Wir verlieren uns in der Arbeit an der eigenen Performance. Wir basteln immerzu am Ego und viel zu selten am Wir. […]
Schrieb nicht Knigge über den Umgang mit Menschen, er müsse auf den „Lehren von Pflichten gegründet sein, die wir allen Arten von Menschen schuldig sind“?

[…] Und „allen Arten von Menschen", bitte, das gefällt mir besonders: dass nicht nur von denen die Rede ist, die uns ähnlich sind, die wir mögen, mit denen wir sympathisieren, die unsere Ziele teilen, die ein Leben führen, das aussieht wie unseres. Sondern auch von den Feigen, den Verängstigten, den Unverschämten, den Dummen, den Lauten, den Leisen, den Störrischen, den Fremden, denen wir etwas schulden. Was schulden wir ihnen? Jedenfalls den Versuch, zu verstehen, Anerkennung, Rücksicht, Wohlwollen, Freundlichkeit, Interesse, Zugewandtsein und jene Solidarität, die Grundlage dessen ist, was wir den menschlichen Anstand nennen könnten. Der eine Sache jedes Einzelnen ist und damit eine Sache von uns allen.

Aus: Axel Hacke: Über den Anstand in schweren Zeiten und die Frage, wie wir miteinander umgehen. Verlag Antje Kunstmann: München 2017.

Arbeitsauftrag

Erörtern Sie die Bedeutung des Anstands für die Gesellschaft.

– Fassen Sie die Kernaussagen des Verfassers thesenartig zusammen.
– Setzen Sie sich insbesondere mit der These Knigges auseinander, man sei „allen Arten von Menschen" die Pflicht des Anstandes schuldig.

Lösungsvorschlag

Das Thema 2 verlangt von Ihnen Verfahrenskenntnisse zur textgebundenen Erörterung. Ausgehend von einer inhaltlichen Betrachtung des Textes „Anstand" von Axel Hacke geht es dabei um die argumentative Auseinandersetzung mit dem Thema Anstand.

Die Aufgabenstellung „Erörtern Sie die Bedeutung des Anstands für die Gesellschaft" wird durch zwei Teilaufgaben ergänzt. Die erste Teilaufgabe präzisiert die Anforderungen an die zu leistende inhaltliche Betrachtung des Textes, indem von Ihnen verlangt wird, die Kernaussagen des Autors thesenartig zusammenzufassen. Die zweite Teilaufgabe konkretisiert den inhaltlichen Schwerpunkt des Erörterungsteils, da Sie sich vor allem mit der These Knigges auseinandersetzen sollen, dass man gegenüber „allen Arten von Menschen" zum Anstand verpflichtet sei.

In der Einleitung können Sie durch einen persönlichen Bezug das Thema des Textes in seiner Bedeutsamkeit herausstellen. Danach formulieren Sie thesenhaft die wichtigsten Aussagen des Verfassers. Anschließend sollen Sie sich zu den vielfältigen Ansätzen, die Ihnen diese Thesen bieten, positionieren. Im Schlussteil können Sie auf Ihre in der Einleitung geäußerten Gedanken Bezug nehmen und ganz persönliche Schlussfolgerungen ziehen.

Erwartet wird von Ihnen ein akzeptabler Zugang zum Thema sowie eine strukturierte und nachvollziehbare Argumentation. Dabei entscheiden die Komplexität und die Differenziertheit Ihrer Aussagen sowie die sprachliche Gestaltung über die Qualität Ihres Aufsatzes.

Einleitung

Persönlicher Bezug zum Thema

Manchmal schäme ich mich, wenn die alte Frau mit dem Stock jeden Morgen in unseren überfüllten Schulbus einsteigt und ihr niemand einen Platz anbietet. Manchmal schäme ich mich, wenn unsere Deutschlehrerin mit einer schweren Bücherkiste zum Unterrichtsraum kommt und ihr niemand die Tür aufhält. Manchmal schäme ich mich, wenn ein Mitschüler krank ist und ihm niemand die Hausaufgaben vorbeibringt. Ich schäme mich für die anderen und ich schäme mich für mich selbst. Warum tue ich dann nichts? Es ist die Angst, verlacht und gemobbt zu werden, als einer, der sich aus der Masse heraushebt, ein Schleimer, und alles andere als cool ist. Ich frage mich, ob es einigen meiner Klassenkameraden nicht auch so geht und ob meine Eltern Recht haben, wenn Sie behaupten, dass Anstand heutzutage eher eine Seltenheit ist.

Axel Hacke beschäftigt sich in seinem Text „Anstand" (2017) mit diesem Thema und gesteht, dass das Anständigsein für ihn eine Selbstverständlichkeit war (vgl. Z. 1 f.). Seiner Ansicht nach bedeutet es, „Rücksicht auf andere zu nehmen, und zwar auch dann, wenn einem gerade *nicht* unbedingt danach zumute ist" (Z. 3 f.). Die optische Hervorhebung des Adverbs „nicht" betont den Gedanken der selbstverständlichen Anständigkeit, die nicht von eigenen Befindlichkeiten abhängt. Hackes Erfahrungen aus dem Alltag veranschaulichen das, wie z. B. „sich in einer Schlange nicht vorzudrängeln, auch wenn man es eilig hat" (Z. 6 f.). Anstand, der also Rücksichtnahme auf andere bedeutet, die ebenso viele Rechte haben wie man selbst.

Hauptteil

Thesenartige Zusammenfassung der Hauptaussagen:

Definition von Anstand

Der Verfasser glaubt, dass das für die meisten Menschen eigentlich eine Notwendigkeit im Zusammenleben in einer Gesellschaft ist und dass sie wissen, dass „man dafür [etwas] tun muss, dass man vernünftig mit anderen zusammenlebt" (Z. 16 f.). Seiner Ansicht nach tobt dennoch ein „Ozean" der Anstandslosigkeit (vgl. Z. 20 f.). Das Verschwinden des Anstands ist laut Hacke im Zusammenhang mit der technischen Entwicklung unserer Zeit zu sehen. Sie bedeute vor allem Verlust des Zusammengehörigkeitsgefühls und Zwang zur Selbstdarstellung (vgl. Z. 22 ff.). Das Verständnis vom Individuum als Teil einer Gesellschaft weiche also der Dominanz des Egos. Aber wir würden nun einmal in einer Gemeinschaft existieren. „Menschen können nur im Zusammenleben mit anderen existieren", formuliert der Autor und ergänzt: „[…] und diesem Zusammenleben gilt es, Aufmerksamkeit zu schenken" (Z. 29 f.).

Gründe für die Anstandslosigkeit

Anstand gegenüber „allen Arten von Menschen" (Z. 36) der Gesellschaft sei dabei die Pflicht jedes Einzelnen. Hacke nutzt für diese These als Autoritätsargument eine Formulierung von Knigge, der über den Umgang mit Menschen gesagt hat, „er müsse auf den ‚Lehren von Pflichten gegründet sein, die wir allen Arten von Menschen schuldig sind'" (Z. 34 f.). Das bedeutet also Anstand auch gegenüber denen, die anders sind und die wir nicht mögen (vgl. Z. 36 ff.). Diesen Menschen schulden wir gleichermaßen alles das, was menschlichen Anstand ausmacht: „[…] den Versuch, zu verstehen, Anerkennung, Rücksicht, Wohlwollen, Freundlichkeit, Interesse, Zugewandtsein und […] Solidarität" (Z. 41 ff.).

Hackes Verweis auf Knigge

Erörterung

Argumentative Auseinandersetzung:

Mit den Worten von Axel Hacke würde ich erst einmal sagen: „Einfache Dinge, zunächst“ (Z. 8). Aber auch ich habe da meine Zweifel und das Gefühl, dass Anstandslosigkeit allgegenwärtig ist.

Fehlender Anstand in der Schule

Ich erlebe selbst in meinem täglichen Umfeld in der Schule, dass es vielen Schülern, aber manchmal auch Lehrern an Anstand fehlt. Das äußert sich in schlechtem Benehmen und mangelndem Respekt, wofür es viele Signale gibt. Da grüßen Schüler ihre Lehrer nicht bzw. antworten Lehrer nicht auf den Gruß ihrer Schüler. Da zeigen Schüler ein völlig unangebrachtes Verhalten, wenn sie kritisiert werden, da reagieren Lehrer schroff, wenn ihnen Kritik widerfährt.

Anstandslosigkeit in sozialen Netzwerken

Besonders brisant erscheint mir Anstandslosigkeit jedoch im Zusammenhang mit unserer Kommunikation über digitale Endgeräte und dabei insbesondere in sozialen Netzwerken. Erst kürzlich gab es an unserer Schule einen Fall von Cybermobbing, der alle aufrüttelte. Ein Junge stellte freizügige Fotos seiner Ex-Freundin ins Netz, weil er sich an ihr rächen wollte. Die meisten meiner Mitschüler fanden das gemein und hinterhältig, aber nicht wenige hat es belustigt. Schlimm fand ich, dass sich niemand ganz öffentlich an den Täter gewandt und ihn kritisiert hat. Das haben wir unseren Lehrern überlassen.

Gefahr der Verallgemeinerung

Insgeheim war aber sicher jeder von uns froh, dass ihm so etwas noch nicht passiert ist. Es ließen sich noch viele andere Beispiele für unangemessenes, unanständiges Verhalten in der Schule aufzählen, aber natürlich darf man das alles nicht verallgemeinern. Es gibt noch immer genug anständige Zeitgenossen und häufig zu beobachtendes anständiges Verhalten. Das nehmen wir jedoch als Selbstverständlichkeit geradezu unbemerkt zur Kenntnis, während uns die Negativbeispiele deutlich bewusst werden.

Bezug zur These von Knigge

Besonders wichtig ist es, dass man sich vornimmt, zu allen Menschen anständig zu sein. Es ist nicht schwer, sich seinen Freunden und seiner Familie gegenüber respektvoll zu verhalten. Aber auch denen, die wir nicht mögen, deren Meinung oder Weltsicht wir nicht teilen oder die vielleicht sogar unhöflich zu uns sind, sollten wir mit Anstand und Achtung begegnen. Das heißt nicht, dass man z. B. einen unsympathischen Menschen für sympathisch halten muss. Es bedeutet, dass man mit jedem Menschen anständig umgeht, egal was man von ihm hält oder wie unterschiedlich er erscheinen mag. Man sollte sein Gegenüber so behandeln, wie man selbst behandelt werden will. Das ist das beste und menschlichste Rezept für ein gelungenes Zusammenleben in der Gesellschaft.

Schlussteil
Persönliche Schlussfolgerungen

Ich möchte mich jedenfalls nicht mehr hinter faulen Ausreden verstecken, wenn es darum geht, selbst anständig zu handeln, bzw. wenn ich bei anderen unanständiges Verhalten bemerke. Es wird einigen Mut brauchen, im Bus für die alte Dame aufzustehen, meiner Deutschlehrerin die Tür aufzuhalten und mich anzubieten, einen kranken Mitschüler zu besuchen. Vielleicht werde ich ausgelacht, vielleicht werde ich gemobbt. Vielleicht machen es meine Freunde in Zukunft aber auch so wie ich. Ich meine, es sollte jeder versuchen, ein guter, anständiger Mensch zu sein.

Sachsen – Besondere Leistungsfeststellung 10. Klasse Deutsch 2019
Thema 1

Frank Richter (geb. 1960): Ein Wort von dir (o. J.)

Ein Wort von dir eröffnet Welten
und fällt in meine kleine ein,
sprichst du zu mir, prophetisch, selten,
und lässt du meine Antwort gelten,
dann können wir verbunden sein.

Komm, lass uns das Gehörte wiegen,
ob es uns weiter tragen kann.
Ich habe gern mit dir geschwiegen
und ließ mich gern von dir besiegen,
es hat mir immer gut getan.

Wenn Worte warm wie Küsse schmecken,
wird weit das Herz und still der Mund,
dann muss sich keiner mehr verstecken,
dann können wir die Welt entdecken,
so schön, so gut, so weit, so rund.

Aus: Frank Richter: In den Purzelbaum meiner Gefühle. Verlag Hille, Ch. Dresden, 2004, S. 20.

Arbeitsauftrag

Interpretieren Sie das Gedicht.
- Stellen Sie die Situation des lyrischen Ichs dar.
- Beschreiben Sie die Struktur des Textes sowie ausgewählte Gestaltungsmittel in ihrer Funktion.

Lösungsvorschlag

Die Aufgabenstellung verlangt die Interpretation des Gedichtes „Ein Wort von dir“ von Frank Richter. Sie sollen dabei die Situation des lyrischen Ichs darstellen und die Struktur des Textes sowie ausgewählte Gestaltungsmittel in ihrer Funktion beschreiben. Nach dem intensiven Lesen und Markieren von Besonderheiten im Text empfiehlt es sich, eine tabellarische Stoffsammlung anzufertigen, in der Sie Struktur bzw. Aufbau, Inhalt und Gestaltungsmittel analysieren, um letztendlich zu einer Deutung gelangen zu können.

Diese Vorbereitung vor Ihrer Reinschrift hilft Ihnen, einen zusammenhängenden Text zu schreiben, in dem Sie deutlich machen, wie Struktur, Inhalt und sprachliche Gestaltung einander bedingen.

In der Einleitung können Sie das Thema des Gedichtes bereits ansprechen und von eigenen Erfahrungen mit gelingender Kommunikation berichten. Dadurch wird die Aktualität der Aussage des lyrischen Textes deutlich.

Im Hauptteil sollten Sie chronologisch vorgehen, also von Strophe zu Strophe. Analysieren Sie Inhalt und Form und leiten Sie eine Deutung ab. Denken Sie dabei unbedingt daran, sprachliche Mittel mit ihrer Wirkung zu betrachten und den Zusammenhang mit dem Inhalt darzustellen.

Aussagen zur Struktur des Gedichtes können Sie am Ende des Hauptteils machen, da diese sich auf alle drei Strophen beziehen lassen.

Der Schluss kann einen Bogen zur Einleitung schlagen und Ihre persönlichen Erfahrungen aufgreifen und Ihre Gedanken dazu weiterentwickeln.

Einleitung

Persönlicher Bezug zum Thema

Es ist so wichtig, miteinander zu reden. Ich merke das jeden Tag in ganz gewöhnlichen Situationen. Da ist der Lehrer, der Aufgaben formuliert, die erst einmal nur unnötig anstrengend erscheinen. Motiviert gehen wir dann an deren Lösung, nachdem wir uns in der Klasse über die Bedeutung dieser Thematik für unser Leben verständigt haben. Da sind meine Eltern, die Forderungen an mich stellen, deren Berechtigung ich oft infrage stelle, weil ich mich gegängelt fühle. Dann hilft jedoch ein Gespräch und ich erkenne, dass sie meistens recht haben – einfach, weil sie viel mehr Lebenserfahrung haben als ich. Und da ist meine Freundin, die ich manchmal nicht verstehe, wenn sie versucht, mir ihre Sicht auf die Dinge zu erklären. Nehmen wir uns jedoch dann zu zweit die Zeit und reden miteinander, ergibt sich für mich oft ein ganz anderes Bild und ich fühle wieder, dass wir zusammengehören.

Wert der Kommunikation

Hauptteil: Interpretation

Um das Miteinander-Reden geht es auch in Frank Richters Gedicht „Ein Wort von dir“. Hier spricht ein lyrisches Ich, dem eine aufgeschlossene und vorurteilsfreie Kommunikation sehr wichtig ist. Insbesondere betont der Sprecher ihre Bedeutsamkeit für eine liebevolle und vertraute Beziehung zu einem anderen Menschen, mit dem man erfüllt, aber auch neugierig durch das Leben gehen kann.

1. Strophe:

Diesen Menschen spricht er gleich in der ersten Strophe mit dem Personalpronomen „dir“ (V. 1) direkt an und betont, wie bereichernd er das Gespräch mit ihm findet („Ein Wort von dir eröffnet Welten / und fällt in meine kleine ein“, V. 1 f.). Das Substantiv „Wort“ im Gedichttitel wiederholt sich im ersten Vers und ist thematischer Leitbegriff: Es steht hier für die Kommunikation zwischen Menschen.

Bedeutung von „Wort“

„Welt“ als weiteres Schlüsselwort

Ein ebenso zentraler Begriff ist „Welt“, der in Verbindung mit dem Verb „eröffnen“ ein erfüllendes, den Horizont des Einzelnen erweiterndes Gespräch meint. Das gelingt vor allem dann, wenn die Gesprächspartner gleichberechtigt auf Augenhöhe miteinander kommunizieren. Dabei sollte es selbstverständlich sein, die Meinung des anderen gelten zu lassen: „Sprichst du zu mir, prophetisch, selten, / und lässt du meine Antwort gelten, / dann können wir verbunden sein“ (V. 3 ff.). Nur so gelingt ein Dialog und entsteht Verbundenheit.

2. Strophe:

weitere Aspekte gelingender Kommunikation

Die zweite Strophe, die mit dem Imperativ „Komm“ (V. 6) beginnt, schließt das Zuhören und das Nachdenken in den Kommunikationsprozess ein. Das lyrische Ich fordert seinen Partner dazu auf, gemeinsam über das Gespräch nachzudenken („lass uns das Gehörte wiegen“, V. 6) und zu prüfen, ob es die Gesprächspartner voranbringt, ob es Bedeutung hat („ob es uns weiter tragen kann“, V. 7). Und selbst das Miteinander-Schweigen gehört dazu („Ich habe gern mit dir geschwiegen“, V. 8), genauso wie das Nachgeben, wenn man sich z. B. geirrt hat oder etwas nicht wusste („und ließ mich gern von dir besiegen“, V. 9).

Auffälliger Tempuswechsel

Auf jeden Fall bringt gelingende Kommunikation alle Beteiligten weiter, bereichert ihr Leben und macht sie glücklich. Auffällig ist in dieser Strophe der Wechsel vom Präsens zu Zeitformen der Vergangenheit (Perfekt und Präteritum), womit die Allgemeingültigkeit der Aussagen zu wertvoller Kommunikation klar wird. Das lyrische Ich hat das bereits in der Vergangenheit mit seinem Partner erfahren und „es hat [ihm] immer gut getan“ (V. 10).

3. Strophe:

Deshalb kann es in der dritten Strophe nun auch ein deutliches „wir“ (V. 14) geben, in das der Leser geradezu einbezogen wird.

Seine Erfahrungen zusammenfassend formuliert das lyrische Ich eine Botschaft: Ein liebevoller Austausch zwischen Menschen bzw. zwischen Partnern in einer Beziehung führt zu gegenseitigem Vertrauen und zum Wunsch, sich einander mitzuteilen und gemeinsame Wege zu gehen.

Aussageabsicht des lyrischen Ich

Durch auffällige sprachliche Besonderheiten werden diese Aussagen betont. Die Alliterationen, der Vergleich und die Metapher in den Versen 11 und 12 („Wenn Worte warm wie Küsse schmecken, / wird weit das Herz") heben sich deutlich von der relativen Schlichtheit der sprachlichen Mittel in den ersten beiden Strophen ab. Weitere sprachliche Mittel, die die Bedeutung der letzten Strophe und ihren geradezu appellativen Charakter untermauern, sind die Antithetik („verstecken" und „entdecken", V. 13 f.) sowie die Akkumulation im letzten Vers („So schön, so gut, so weit, so rund", V. 15) und die Wiederholung der Leitbegriffe „Wort[e]" (V. 11) und „Welt" (V. 14).

Gestaltungsmittel in der 3. Strophe

Auch wenn sich die dritte Strophe in ihrer sprachlichen Gestaltung von den ersten beiden Strophen abhebt, so sind alle drei in ihrem Aufbau aus je fünf Versen und dem Reimschema abaab mit gleichmäßig wechselnden Kadenzen und durchgängig 4-hebigen Jamben identisch. Diese Regelmäßigkeit wirkt eindringlich und harmonisch und unterstreicht damit die Hauptaussage und Forderung des Gedichtes nach gelingender Kommunikation zwischen Menschen.

Struktur und Metrik des Gedichtes

Schluss

Rückbezug zur Einleitung

Wenn meine Freundin und ich miteinander reden, dann geht es nicht nur um unsere Erlebnisse und die nächsten gemeinsamen Aktivitäten, sondern auch um unsere Sicht auf die Welt, unsere Wünsche und Träume. Ich bin mit meiner Freundin noch nicht so lange zusammen, aber eines ist mir in dieser Zeit mit ihr klargeworden: Wenn man miteinander spricht, dann kann man viele Missverständnisse ausräumen, bevor sie überhaupt entstehen. Außerdem lernt man sich besser kennen und entwickelt ein wohltuendes Vertrauen zueinander. Ach ja, und man kann auch mal miteinander schweigen. Das ist dann nicht etwa peinlich, sondern einfach nur schön.

Anton Eickel: Schule, stress mich nicht! (2017)

Unser 16-jähriger Autor sagt: Schon in der Schule stehen Jugendliche so unter Stress, dass es kein Wunder ist, wenn sie im Beruf an einem Burn-out erkranken. Ein Kommentar

6:10 Uhr – Der Wecker reißt mich aus dem Tiefschlaf und wie an jedem Morgen liefere ich mir einen Wettstreit mit der Snooze-Taste und frage mich, weshalb ich immer fünf Tage brauche, um mich nach dem Wochenende wieder an meinen Schlafrhythmus zu gewöhnen. Erst als ich mir zombieartig den Weg zur Dusche erarbeite, realisiere ich: Es ist erst Mittwoch. In diesem Moment verlässt mich dann auch der letzte Funke Motivation, denn mittwochs ist mein längster Schultag. Von 7:45 Uhr bis 17 Uhr muss ich fast durchgängig in dunklen Klassenzimmern hocken und vor dem genauso lustlos wirkenden Lehrer einen auf interessiert machen. Wenn ich dann spätnachmittags nach Hause komme, ist mein Hausaufgabenheft bis auf die letzte Seite gefüllt, zumindest gefühlsmäßig. Für den nächsten Tag darf ich noch für Englisch eine Analyse und für Deutsch eine Charakterisierung schreiben und für die Bio-Klausur übermorgen müsste ich eigentlich auch mal anfangen zu lernen.

Am Ende eines solchen Tages habe ich bestimmt zehn Stunden nur für die Schule gearbeitet. Was ist mit all den anderen Schüler*innen? Kommen die mit diesem Schulalltag klar oder lassen sie sich von dem ganzen Stress erdrücken?

Aus meiner Sicht, sprich der eines 16-jährigen Schülers, leben wir in einer Gesellschaft, die von Stress und Hektik bestimmt wird. Zahlreiche Menschen leben mit der Pflicht, immer erreichbar sein zu müssen, ihren streng getakteten und genauestens durchgeplanten Terminplan einhalten zu müssen. Für diese Menschen bedeutet Alltag nur noch Stress, Zeit wird zur Mangelware. Ich spreche hier nicht von wenigen Workaholiker*innen, sondern von der Mehrheit der arbeitenden Gesellschaft, so wie ich sie erlebe und beobachte. […]

Eine neue Studie der Krankenkasse DAK bestätigt, dass 43 Prozent aller Schüler*innen unter Schulstress leiden. Das ist fast jede*r zweite Jugendliche. In der Studie werden zahlreiche Beschwerden aufgezählt, die ich bei fast allen meiner Mitschüler*innen wiedererkenne: Kopf-, Rücken- und Bauchschmerzen oder Schlafprobleme. Eine zweite Auffälligkeit, die in der Studie betont wird, ist, dass Mädchen viel häufiger von der Schule gestresst sind. Auch das kann ich ohne Bedenken unterschreiben, denn ich habe das Gefühl, dass die meisten Mädchen in meiner Klasse hohe Ansprüche an sich selbst hegen und Angst davor haben, zu versagen. Sie lernen mehr für Klausuren als wir Jungen, machen öfter und ordentlicher Hausaufgaben und arbeiten im Unterricht mehr mit.

Weil wir diesen Schulstress irgendwann satt haben, fangen viele an, sich selbst Freiräume zu schaffen. Man tauscht sich mit Hausaufgaben aus oder verzichtet gleich ganz auf sie, freundet sich in immer mehr Fächern mit einer Vier an und so mancher schafft sich Abstand durch wochenendliche Alkoholexzesse oder durch andere Drogen, seien es Gras, Ego-Shooter oder die Sucht nach Serien.

Doch auch dabei bleibt das Wesentliche auf der Strecke: Freund*innen, die Zeit für Künstlerisches, Musikalisches oder Sportliches, für die typische Rebellion und Auflehnung der Jugendlichen und die Zeit zum Nachdenken. Denn die Frage ist doch, was wird aus uns Kindern und Jugendlichen, wenn sie nicht mehr wissen, was Langeweile bedeutet und nicht wissen, was ihre Stärken und ihre Schwächen sind, geschweige denn, wer sie sind – weil sie nie die Zeit hatten, mal ganz philosophisch über sich selbst und das Leben nachzudenken? Und das kann man sicherlich nicht mal eben in einer Freistunde.

Versteht mich nicht falsch, ich weiß, dass eine gewisse Anstrengung zur Schule dazugehört und möchte auch keineswegs Mitleid von euch, aber möchte ich zumindest versuchen, auf ein wichtiges Problem aufmerksam zu machen und eine mögliche Antwort auf die Frage zu geben, warum unsere Gesellschaft so unglücklich, unzufrieden und Burn-out-gefährdet ist.

Denn Stress und Hektik gehören mittlerweile bereits für Jugendliche zum Alltag und sind auch in den Schulen unserer Republik angekommen. Ein fataler Systemfehler, der immer mehr Schüler*innen kränkt. Keine Einzelfälle. Ein Massenphänomen.

Aus: Anton Eickel: Schule, stress mich nicht!, ze.tt vom 04. 11. 2017, https://ze.tt/schule-stress-mich-nicht/
(Der Text folgt in Orthografie und Grammatik dem Original.)

Arbeitsauftrag

Analysieren Sie den Text.

- Untersuchen Sie ihn hinsichtlich seiner wesentlichen inhaltlichen Aussagen und seiner Struktur.
- Beschreiben Sie ausgewählte sprachliche Gestaltungselemente in ihrer Funktion.

Lösungsvorschlag

Die Aufgabe prüft Ihre Kompetenz in der Analyse pragmatischer Texte. Die Aufgabenstellung „Analysieren Sie den Text" wird durch zwei Teilaufgaben präzisiert: Sie sollen den Text in inhaltlicher und struktureller Hinsicht untersuchen und sprachliche Gestaltungsmittel in ihrer Funktion beschreiben.
In der Einleitung bietet es sich an, ein paar Gedanken zum Thema Stress zu äußern. Dabei ist kein Spezialwissen verlangt, d. h. Sie können aus Ihrem Allgemeinwissen und aus Ihrer eigenen Erfahrung schöpfen.
Danach schließt sich im Hauptteil eine Analyse von Inhalt, Struktur und Gestaltungsmitteln an. Ein absatzweises Vorgehen ist bei diesem Text zu empfehlen.
Die Reinschrift v. a. des Hauptteils sollten Sie unbedingt erst nach einer vorzugsweise tabellarischen Stoffsammlung machen.
Beachten Sie vor allem, dass es keinen Sinn macht, formale und sprachliche Gestaltungsmittel einfach nur aufzuzählen. Betrachten Sie diese immer im Zusammenhang mit ihrer Funktion für die inhaltliche Aussage.
Im Schlussteil können Sie kurz die Wirkung des Kommentars zusammenfassen und abschließend die Intention des Autors aufgreifen und dazu Stellung nehmen.

Einleitung
Allgemeine Überlegungen zu Stress

Stress hat zwei Seiten. Da gibt es den positiven Stress, den ein Sportler geradezu benötigt, um Höchstleistungen zu vollbringen, oder den ein Liebender fühlt, wenn er verknallt ist. Aber da gibt es auch den negativen Stress, der uns krankmacht und zu unzähligen Symptomen wie z. B. Konzentrationsmangel, Vergesslichkeit, Schlafstörungen, Erschöpfung und Rückenschmerzen führt. Dass das Stressempfinden von Mensch zu Mensch unterschiedlich ist, ist bekannt. Dass bereits Kinder und Jugendliche unter Stress leiden, ist eine ebenso bekannte Tatsache und sollte dazu führen, dass etwas verändert wird, unter anderem bzw. vor allem in der Schule.

Hauptteil: Analyse
Informationen zum Text

Diese Auffassung vertritt auch der 16-jährige Schüler Anton Eickel in seinem Kommentar von 2017, der auf ze.tt, einem Partnerportal von ZEIT ONLINE, erschienen ist. Bereits in der Überschrift „Schule, stress mich nicht!" personifiziert er die Schule und fordert sie mit einem Imperativ auf, ihn nicht zu stressen. Auch wenn er hier nur von sich selbst spricht, wird in der Zwischenüberschrift der Redaktion von ze.tt deutlich, dass das Phänomen Stress – zunächst bezogen auf Jugendliche in der Schule – verallgemeinert und sogar als Ursache für spätere Burn-out-Erkrankungen im Erwachsenenalter gesehen wird. Anton Eickel will seine jugendlichen Leser deshalb für das Problem von ständiger Überlastung und Hektik sensibilisieren.

Er beginnt seinen Text, der insgesamt acht unterschiedlich lange Absätze enthält, mit ganz persönlichen Erfahrungen. Jeden Morgen klingelt um 6.10 Uhr sein Wecker und „reißt [ihn] aus dem Tiefschlaf" (Z. 1). Dann starte sein „Wettstreit mit der Snooze-Taste" (Z. 2) und der „zombieartig" (Z. 4) aussehende Gang zur Dusche schließe sich an. Diese umgangs- und jugendsprachlichen Wörter und Wendungen sprechen seine Zielgruppe an und veranschaulichen die allmorgendliche Anstrengung, trotz geringer Motivation pünktlich in die Schule zu kommen – an diesem Morgen noch erschwert durch die Aussicht auf den längsten Schultag der Woche.

Wesentliche inhaltliche Aussagen:

Schwieriger Start in den Schultag

Diesen skizziert er im nächsten Satz genauer. Er dauere „[v]on 7.45 bis 17 Uhr" und er bedeute stundenlanges Sitzen „in dunklen Klassenzimmern" (Z. 7). Unterrichtet von angeblich „genauso lustlos wirkenden Lehrer[n]" (Z. 8) fühle sich der Autor bemüßigt, Interesse zu zeigen und mitzuarbeiten. Dass ihm das schwerfällt, verrät die umgangssprachliche Formulierung „einen auf interessiert machen" (Z. 8 f.). Dazu kämen dann am späten Nachmittag noch Hausaufgaben in Englisch, Deutsch und Biologie. Die Aufzählung sehr komplexer Aufgaben macht die damit verbundene Überforderung sehr deutlich.

Der Schultag von morgens bis abends

„Was ist mit all den anderen Schüler*innen? Kommen die mit diesem Schulalltag klar […]?" (Z. 15 f.), sind die rhetorischen Fragen, die der Autor im nächsten Absatz stellt und die keiner Antworten bedürfen, liegen diese doch auf der Hand: Ein sehr langer Arbeitstag in der Schule sowie eine extreme Belastung durch Hausaufgaben wird mit Sicherheit von allen Schülerinnen und Schülern als anstrengend und demotivierend empfunden.

Rhetorische Fragen: Überleitung zu allgemeineren Überlegungen

Und damit nicht genug: Anton Eickel verlässt im dritten Absatz den schulischen Kontext und verallgemeinert das Problem, das seiner Ansicht nach ein gesamtgesellschaftliches ist. „Zahlreiche Menschen leben mit der Pflicht, immer erreichbar sein zu müssen" (Z. 18 f.), sie haben einen „streng getakteten und genauestens durchgeplanten Terminplan" (Z. 19 f.), sind Aussagen, die der Autor nicht nur auf „Workaholiker[n]*innen" (Z. 22), sondern auf viele Menschen in unserer Gesellschaft bezieht.

Stress gesamtgesellschaftlich betrachtet

Mit den Ergebnissen einer DAK-Studie belegt der Autor im Folgenden seine eigenen Beobachtungen aus der Schule. „Kopf-,

Studie als Beleg

Rücken- und Bauchschmerzen oder Schlafprobleme" (Z. 27 f.) sind häufig nachgewiesene Symptome für ungesunden Stress. Dazu kommt die Erkenntnis, dass Mädchen noch anfälliger sind, da sie sich meistens noch mehr anstrengen (vgl. Z. 28 ff.).

Folgen des Stresses

Welche Auswirkungen das nun hat, fasst der Autor in den folgenden beiden Absätzen zusammen. Der Kausalsatz „Weil wir diesen Schulstress irgendwann satt haben" (Z. 34) leitet umgangssprachlich und mit einem deutlichen „wir", das den Schüler Anton Eickel miteinbezieht, eine Aufzählung beängstigender Erscheinungen ein. Leistungsverweigerung und -versagen gehören dabei ebenso dazu wie Alkohol-, Drogen- und Spielsucht (vgl. Z. 37 f.). Aber auch mangelnde soziale Kontakte und fehlende Zeit für Hobbies oder für schöne Erlebnisse lassen aufhorchen (vgl. Z. 39 ff.). Die Äußerung „[...] die Frage ist doch, was wird aus uns Kindern und Jugendlichen, wenn sie nicht mehr wissen [...], wer sie sind" (Z. 41 ff.), erscheint ebenfalls nicht übertrieben und verdeutlicht eine stattfindende Selbstentfremdung.

Drastik der geschilderten Auswirkungen von Stress

Intention des Autors

Und so wird im letzten Absatz folgerichtig vor einem durch Stress und Hektik entstandenen gesamtgesellschaftlichen Phänomen gewarnt. Eingeleitet mit der ganz persönlichen Anrede an die Leser „Versteht mich nicht falsch" (Z. 47), betont Anton Eickel, dass er durchaus versteht, dass Schule auch Anstrengung verlangt und dass er nicht bedauert werden will. Seine Intention sei es stattdessen, das Problem deutlich zu benennen und auf den „fatale[n] Systemfehler, der immer mehr Schüler*innen kränkt" (Z. 53 f.) und der „unsere Gesellschaft so unglücklich, unzufrieden und Burn-out-gefährdet" (Z. 50 f.) macht, hinzuweisen und davor zu warnen.

Warnung vor dem Phänomen Stress

Schluss

Persönliche Meinung zu Eickels Text

Mit seinen sehr verständlich und anschaulich formulierten Gedanken ist es dem Autor gelungen, nachdenklich zu machen. Auch wenn er inzwischen wahrscheinlich die Schule schon verlassen hat, hat sich an der Situation noch nichts geändert. An durch negativen Stress verursachten Krankheiten leiden so viele Menschen, dass es an der Zeit wäre, grundsätzlich etwas zu verändern. Auf jeden Fall müsste das aber schon in der Schule beginnen.

Sachsen – Besondere Leistungsfeststellung 10. Klasse Deutsch 2020
Thema 1

Wolfdietrich Schnurre (1920–1989): Die Prinzessin (1980)

Ein Käfig; auf, ab, trottet es drin, auf, ab; zerfranst, gestreift: die Hyäne. Mein Gott, wie sie stinkt! Und Triefaugen hat sie, die Ärmste; wie kann man nur mit derart grindigen Blicken überhaupt noch was sehen? Jetzt kommt sie zum Gitter, ihr Pestatem trifft mich am Ohr. „Glauben Sie mir?" „Aufs Wort", sage ich fest. Sie legt die Pfote ans Maul: „Ich bin nämlich verzaubert." „Was Sie nicht sagen; richtig verzaubert?" Sie nickt. „In Wirklichkeit nämlich –" „In Wirklichkeit nämlich –?" „– bin ich eine Prinzessin", haucht sie bekümmert. „Ja, aber um Himmels willen!" rufe ich, „kann Ihnen denn da gar keiner helfen?" „Doch", flüstert sie; „die Sache ist so: Jemand müßte mich einladen." Ich überschlage im Geist meine Vorräte; es ließe sich machen. „Und Sie würden sich tatsächlich verwandeln?" „Auf Ehre." „Also gut", sage ich, „dann seien Sie heute zum Kaffee mein Gast." Ich gehe nach Hause und ziehe mich um. Ich koche Kaffee und decke den Tisch. Rosen noch aus dem Garten, die Cornedbeef-Büchse spendiert, nun kann sie kommen.

Pünktlich um vier geht die Glocke. Ich öffne, es ist die Hyäne. „Guten Tag", sagt sie scheu: „Sie sehen, da bin ich." Ich biete ihr den Arm, und wir gehen zum Tisch. Tränen laufen ihr über die zottigen Wangen. „Blumen –" schluchzt sie, „o je!" „Bitte", sage ich, „nehmen Sie Platz. Greifen Sie zu." Sie setzt sich geziert und streicht sich geifernd ein Brötchen. „Wohl bekomms", nicke ich. „Danke", stößt sie kauend hervor.

Man kann Angst bekommen, was sie verschlingt. Brötchen auf Brötchen verschwindet; auch die Cornedbeef-Büchse ist leer. Dazwischen schlürft sie schmatzend den Kaffee und läßt erst zu, daß ich ihr neuen eingieße, wenn sie den Rest herausgeleckt hat. „Na –?" frage ich, „schmeckt es?" „Sehr", keucht sie rülpsend. Doch dann wird sie unruhig. „Was ist denn", erkundige ich mich. Sie stößt abermals auf und blickt vor sich nieder; Aasgeruch hängt ihr im Fell, rötliche Zecken kriechen ihr über die kahlen Stellen hinter den Ohren. „Nun –" ermutige ich sie. Sie schluchzt. „Ich habe Sie belogen", röchelt sie heiser und dreht hilflos einen Rosenstiel zwischen den Krallen; „ich – ich bin gar keine Prinzessin." – „Schon gut", sage ich, „ich wußte es längst."

In: Wolfdietrich Schnurre. Das Los unserer Stadt. Eine Chronik. Taschenbuchausgabe. Frankfurt/M., Berlin, Wien: Ullstein 1980.

(Der Text folgt in Orthografie und Zeichensetzung dem Original.)

Arbeitsauftrag

Interpretieren Sie den Text.
- Erschließen Sie den Sinngehalt des Textes.
- Verdeutlichen Sie dabei den Zusammenhang zwischen inhaltlicher und formaler Gestaltung.

Lösungsvorschlag

Das Thema 1 verlangt von Ihnen die Interpretation eines epischen Textes. Zur allgemein formulierten Aufgabe „Interpretieren Sie den Text" erhalten Sie zwei Teilaufgaben mit einer entsprechenden Schwerpunktsetzung auf das Erschließen des Sinngehaltes sowie auf die Verdeutlichung des Zusammenhangs zwischen inhaltlicher und formaler Gestaltung des Textes.
Ihre Aufgabe besteht also darin, wesentliche Aspekte des Inhalts der Geschichte wiederzugeben, formal-stilistische Gestaltungsmittel zu analysieren und in ihrer Wirkung zu beschreiben sowie zu einer Deutung zu gelangen. Da es sich bei „Die Prinzessin" von Wolfdietrich Schnurre um einen epischen Text handelt, der sowohl Merkmale der Kurzgeschichte als auch der Fabel, des Märchens sowie der Parabel vereint, werden sich Ihnen verschiedene Aspekte des Sinngehalts erschließen.
Für die Einleitung bietet sich neben den Übersichtsinformationen zu Titel, Autor und Kern der Geschichte ein Hinweis auf das Verwandlungsmotiv an.
Der Hauptteil kann mit einer kurzen Inhaltsangabe beginnen. Danach sollten Sie Inhalt und Form des literarischen Textes analysieren, um daraus entsprechende Deutungsaspekte ableiten zu können.
Im Schlussteil sind aufgrund der Deutungsvielfalt weiterführende Gedanken möglich.

Einleitung
Übersichtsinformationen

Wer kennt es nicht, das Grimm'sche Märchen vom Froschkönig, der zum schönen Königssohn wird, nachdem die Prinzessin ihn bitterböse an die Wand geworfen hat. In der Geschichte „Die Prinzessin" von Wolfdietrich Schnurre aus dem Jahr 1980 ist es ähnlich. Hier wird die Verwandlung einer hässlichen Hyäne in eine Prinzessin in Aussicht gestellt, aber es kommt ganz anders.

Verwandlungsmotiv

Hauptteil
Inhaltsangabe

Ein Mann besucht einen Zoo. Dort sieht er eine Hyäne in ihrem Käfig. Sie ist hässlich und stinkt, behauptet aber eine verzauberte Prinzessin zu sein, die nur durch eine Einladung gerettet werden kann. Trotz seines grundsätzlichen Abscheus vor dem schrecklichen Tier lädt der Mann sie zum Kaffeetrinken ein. Nachdem sie gierig gegessen und getrunken hat, gesteht sie ihrem Gastgeber unter Tränen, dass sie keine Prinzessin ist. Die verblüffende Antwort des Mannes: „Schon gut […], ich wußte es längst" (Z. 29 f.).

Analyse von Inhalt und Form:

Der Ich-Erzähler ohne Namen beobachtet eine Hyäne, die in ihrem Käfig hin und her „trottet" (Z. 1). Er ist angesichts ihrer hässlichen Erscheinung („zerfranst", „Triefaugen", „grindige[n] Blicke[n]", Z. 1 ff.) und ihres Gestanks („Mein Gott, wie sie stinkt!", Z. 1 f.) erschüttert. Und trotzdem scheint er sie zu bedauern: „Die Ärmste, die kaum noch etwas sehen kann" (Z. 2 f.).

Lüge der Hyäne: Verzauberung

Es beginnt ein Dialog, in dem die Hyäne die Initiative ergreift und geradezu geziert („Sie legt die Pfote ans Maul", Z. 5) behauptet, verzaubert zu sein. Der Mann, der versichert hat, ihr „[a]ufs Wort" (Z. 4) zu glauben, ruft scheinbar überrascht aus: „Was Sie nicht sagen; richtig verzaubert?" (Z. 5 f.), um nach einer bekümmert gehauchten Bestätigung der Hyäne (vgl. Z. 6 f.), gleich noch besorgt zu fragen: „Ja, aber um Himmels willen […] kann Ihnen denn da gar keiner helfen?" (Z. 7 f.) Seine Äußerungen klingen durch die Wendungen „[W]as Sie nicht sagen" und „um Himmels willen" fast ein wenig spöttisch und lassen bereits eine ungewöhnliche Wendung erahnen.

Reaktion des Erzählers

Rettung: Einladung zum Kaffee

Nach der geflüsterten Antwort der Hyäne, dass man ihr nur durch eine Einladung helfen könne (vgl. Z. 8 f.), spielt der Erzähler sofort im Kopf die Möglichkeit durch, dies zu tun. Bevor er seine Einladung zum Kaffee ausspricht, vergewissert er sich aber noch einmal: „Und Sie würden sich tatsächlich verwandeln?" (Z. 10). Zu Hause arrangiert er großzügig das bevorstehende Kaffeetrinken mit der hässlichen Hyäne. Er kocht Kaffee, er deckt den Tisch, er bemüht sich um Rosen und erwartet seinen Gast, ganz so als wäre es ein Rendezvous mit einer Liebsten (vgl. Z. 12 f.).

Verhalten der Hyäne beim Kaffeetreffen

Pünktlich am Nachmittag steht die Hyäne vor der Tür und lässt sich mit Tränen der Rührung auf ihren Wangen zu ihrem Platz geleiten (vgl. Z. 15 ff.). Dieses Gebaren steht in deutlichem Kontrast zu der Art und Weise, wie sie dann – ganz das widerliche Raubtier – isst und trinkt. Sie „streicht sich geifernd ein Brötchen" (Z. 19) und „schlürft […] schmatzend den Kaffee" (Z. 22 f.). Nachdem sie gesättigt ist und keuchend rülpst (vgl. Z. 24), „wird sie unruhig" (Z. 25). Der Mann, der sich daraufhin nach ihrem Befinden erkundigt, realisiert erneut ihr furchteinflößendes Erscheinungsbild („Aasgeruch hängt ihr im Fell, rötliche Zecken kriechen ihr über die kahlen Stellen hinter den Ohren", Z. 26 f.).

Erscheinungsbild der Hyäne

Erst nachdem er sie noch einmal aufgefordert hat zu sprechen, schluchzt sie und offenbart die Lüge. Sie wird sich nicht in eine Prinzessin verwandeln. Aber das verwundert den Erzähler nicht. Er sagt nur: „Schon gut [...], ich wusste es längst“ (Z. 29 f.).

Geständnis der Hyäne

Durch die kurzen, prägnanten Dialoge des Textes im Präsens bekommt der Leser einen direkten, ursprünglichen Zugang zum Geschehen. Die auffällig kontrastierende Wortwahl, die einerseits das abscheuliche Tier und andererseits das unglückliche bemitleidenswerte Wesen beschreibt, verdeutlicht einen Widerspruch, der von Anfang an auffällt. Der Mann ist trotz abstoßender Äußerlichkeiten bereit zu helfen, er ist großzügig und großherzig, zeigt sich nicht enttäuscht, als der Schwindel auffliegt. Im Gegenteil, er räumt ein, es von Anfang an gewusst zu haben.

Wirkung der sprachlichen Gestaltung

Kontrastierung als auffälliges Stilmittel

Was bewegt den Mann jedoch dazu, trotzdem so zu handeln? Worin besteht die Motivation für seine Bemühungen um das Tier, das sich nicht in eine Prinzessin verwandeln wird?

Überleitung mit rhetorischen Fragen

Da sind einerseits der zivilisierte Mensch und andererseits das furchteinflößende Raubtier. Das Tier gewinnt die Anteilnahme und Sympathie des Mannes. Es sehnt sich nach Veränderung seiner Situation, nach Freiheit, nach ein bisschen Zuwendung. Es lässt sein schlechtes Gewissen angesichts seiner Notlüge deutlich erkennen. Der Mensch zeigt sich empathisch und großzügig. Er hilft, er handelt uneigennützig und zuverlässig und das, obwohl er oder gerade weil er von Anfang an wusste, dass die Hyäne lügt. Ist er vielleicht sogar verliebt?

Charakterisierung der Hyäne und des Erzählers

Schluss

Beim Lesen und Analysieren der Geschichte von Wolfdietrich Schnurre musste ich immer wieder darüber nachdenken, dass man eigentlich niemanden verurteilen darf, der sich mit einer Notlüge aus einer ansonsten ausweglosen Situation befreit. Vor allem, wenn es um so etwas Existenzielles wie Freiheit geht, kann man eine Lüge vertreten, meine ich. Allerdings darf sie anderen nicht schaden. Außerdem musste ich daran denken, wie schnell man doch einen anderen Menschen ablehnt oder zumindest kritisch betrachtet, wenn er nicht schön genug erscheint oder sich nicht angemessen verhält. Aber was ist schön? Und wie verhält man sich angemessen?

weiterführende Gedanken zum Thema Notlüge

Verständnis für eine Notlüge oder für Schwächen eines anderen Menschen hat man wahrscheinlich vor allem dann, wenn man liebt. Aber kann man weiter lieben, wenn man eine Notlüge durch-

Verständnis für Schwächen

schaut, Schwächen erkennt? Es gibt viele Ansatzpunkte für weiterführende Gedanken, die durch die Surrealität des Textes und durch seinen parabolischen Charakter geradezu provoziert werden. Ich habe mich gern provozieren lassen!

Sachsen – Besondere Leistungsfeststellung 10. Klasse Deutsch 2020
Thema 2

Iris Eggerdinger, Sven Hasselberg: Wozu brauchen wir noch Märchen? (2007)

Harry Potter schlägt Zwerg Nase, die Hobbits vergraulen die sieben Zwerge, und Bibi Blocksberg lockt mehr Kinder hinter dem Ofen hervor als Rotkäppchen und Schneewittchen zusammen. Trotzdem empfehlen Pädagogen die Lektüre von Märchenklassikern zur Festigung der kindlichen Psyche.

Kassenschlager wie „Harry Potter" und „Der Herr der Ringe" bedienen sich märchenhafter Elemente und schwimmen damit auf der Erfolgswelle. Doch streng genommen gelten sie nicht als Märchen. Experten weisen darauf hin, dass Klassiker auch ohne Turbohexenbesen und millionenschwere Verkaufshilfe aus Hollywood einiges zu bieten haben. Heinrich Dickerhoff, Präsident der Europäischen Märchengesellschaft, wünscht sich, dass auch alte Märchen in den Klassenzimmern und Kinderherzen wieder Einzug halten. Die überlieferten Erzählungen erfüllen nicht nur als Gute-Nacht-Geschichten eine wichtige Funktion. „Märchen sind sprachliche Kostbarkeiten", erklärt Dickerhoff, „diese Texte bereichern den Wortschatz enorm." Die Brüder Grimm selbst wollten schon im Vorwort zur ersten Auflage ihrer „Kinder- und Hausmärchen" ihr Werk eindeutig als „Erziehungsbuch" verstanden wissen. Aus dieser Art pädagogischem Ratgeber sollten die Leser Morallehren ziehen.

Kinder lesen Märchen gern und verstehen sie problemlos, weil sie einem einfachen Muster folgen: Sie sind oft kurz, besitzen einen einsträngigen Handlungsverlauf und gehen gut aus. Die heiße Diskussion der siebziger Jahre um Grausamkeiten wie das Abhacken der Ferse in „Aschenputtel" ist heute vergessen. Fachleute wissen, dass Kinder bis zum Beginn der Pubertät einen ganz natürlichen Zugang zur Symbolsprache der Märchen finden. Die Trennung von den Eltern in „Hänsel und Gretel" sei für viele Kinder weitaus realer und Angst einflößender als das Verbrennen der Hexe, meint Brigitta Schieder, Seminarleiterin und Erzählerin der Europäischen Märchengesellschaft. Die Märchenpädagogin und Logotherapeutin bringt Eltern, Lehrern und Erziehern die Kunst des Märchenerzählens bei. Wenn Märchen altersgerecht präsentiert werden, interessieren sich auch Jugendliche noch dafür. Hauptschullehrer Walter Kohlhauf komponierte und textete mit einer siebten Klasse ein Musiktheater zum norwegischen Volksmärchen „Die Zottelhaube". „Zuerst dachten einige, Märchen seien etwas für Kleinkinder", erinnert sich der Pädagoge, „doch nach wenigen Minuten war der Bann gebrochen." Es geht um zwei Schwestern, die eine bildschön, die andere eine hässliche „Zottelhaube".

Während die Hässliche beim Julfest die Trolle jagt, reißt die böse Trollhexe der Schönen den Kopf ab und setzt ihr einen Kalbskopf auf. Die mutige Zottelhaube rettet dann die Schwester … Eine Story, die sich höchst kreativ darstellen lässt. Und in der anschließenden Diskussion können die Werte der Geschichte wie Freundschaft und Solidarität behandelt werden.

Eine Allensbach-Umfrage[1] dokumentiert, dass sich 81 Prozent der Befragten noch an mindestens drei Märchen aus ihrer Kindheit erinnern. Ganz vorn in der Hitparade stehen „Schneewittchen" und „Hänsel und Gretel". 83 Prozent der Erwachsenen befürworten es, Kindern auch heute noch Märchen zu erzählen.

Leider sieht die Praxis oft anders aus. Immer weniger Kinder lesen die klassischen Märchen, und auch die Eltern wissen kaum mehr etwas darüber. Fachfrau Schieder: „Die Kinder kennen jeden Pokémon besser als Rapunzel."

Märchen transportieren Inhalte kindgerecht, leisten Lebenshilfe und tragen dazu bei, dass auch anderer Unterrichtsstoff verständlich wird. Beispielsweise kann eine Lehrerin im Sachkundeunterricht anhand der verirrten Geschwister Hänsel und Gretel anschaulich erklären, wie man sich allein in der Natur zurechtfinden kann: Auf welcher Seite des Baumes wächst das Moos? Wo steht der große Wagen am Himmel? Wo geht die Sonne auf, wo geht sie unter?

Auch Eltern ausländischer Kinder sind bei Seminarleiterin Schieder willkommen. Sie werden zunächst gebeten, ein Märchen in ihrer Muttersprache zu erzählen. Daraufhin wiederholen sie es auf Deutsch. Erstaunlich sei, dass die Kinder auch gespannt zuhören, wenn die Mutter Türkisch oder Arabisch spricht. Auf diese Weise finde Integration ihren Weg mit Hilfe von Feen, Zauberern und Königen auf den Stundenplan. […]

Quelle: © Magazin SCHULE, 2007; https://www.focus.de/familie/kinderspiele/wozu-brauchen-wir-noch- maerchen-literatur_id_2287144.html, zuletzt aufgerufen am 11. 11. 2019

Anmerkung
1 Das Allensbacher Institut ist ein großes deutsches Meinungsforschungsinstitut.

Arbeitsauftrag

Analysieren Sie den Text.
- Untersuchen sie ihn hinsichtlich seiner wesentlichen Inhalte und seiner Struktur.
- Beschreiben Sie ausgewählte sprachliche Gestaltungselemente in ihrer Funktion.

Lösungsvorschlag

Die Aufgabenstellung „Analysieren Sie den Text“ verlangt von Ihnen Verfahrenskenntnisse zur Analyse pragmatischer Texte. Formuliert in zwei Teilaufgaben werden Sie darauf hingewiesen, den Text in inhaltlicher und struktureller Hinsicht zu untersuchen und sprachliche Gestaltungsmittel in ihrer Funktion zu beschreiben. Um die Aufgabe entsprechend zu bewältigen, benötigen Sie außerdem Kenntnisse zu journalistischen Texten. Dabei geht es sowohl um die Textsorte Kommentar an sich als auch um Textfunktionen wie Information und Appell.
In der Einleitung können Sie bezugnehmend auf die Überschrift des Textes „Wozu brauchen wir noch Märchen?“ von Iris Eggerdinger und Sven Hasselberg Gedanken zum Thema äußern, indem Sie eigene Erfahrungen mit Märchen schildern.
Danach schließt im Hauptteil eine Analyse von Inhalt, Struktur und Gestaltungsmitteln an, wobei Sie darauf achten müssen, Gestaltungsmittel nicht aufzuzählen, sondern in ihrer Funktion für die inhaltliche Aussage zu betrachten.
Im Schlussteil können Sie die Aussage und Wirkung des Kommentars zusammenfassen und werten sowie Ihre eigene Meinung zur Intention des Textes äußern.

Einleitung

eigene Erfahrung mit Märchen

Ich habe sie geliebt, die Märchen meiner Kindheit. Immer wenn ich bei meinen Großeltern sein durfte, konnte ich kaum den Abend abwarten, wenn meine Oma sich neben mein Bett setzte und mir Märchen erzählte. Sie brauchte dafür kein Buch, kannte die Märchen um Rotkäppchen, Schneewittchen und den gestiefelten Kater auswendig. Erst später kamen Märchenbücher ins Spiel, aus denen ich ihr dann vorlas. Natürlich ging es dabei vor allem darum, dass ich Lesen lernen sollte. Meine Oma wusste, dass ich mit meinen Lieblingsmärchen freiwillig diese Anstrengung auf mich nahm.

Überleitung mit Übersichtsinformationen

Kein Wunder also, dass ich die Frage „Wozu brauchen wir noch Märchen?“, die Iris Eggerdinger und Sven Hasselberg 2007 als Überschrift für ihren Kommentar gewählt haben, geradezu als Provokation empfinden muss. Zumal sie mich und natürlich alle anderen Leser mit dem Pronomen „wir“ auch direkt ansprechen.

Hauptteil

Analyse von Inhalt, Struktur und Gestaltungsmitteln:

Und so werden auch gleich im Vorspann des Textes Fantasy-Figuren aufgezählt, welche die Märchenfiguren meiner Kindheit verdrängen, „Harry Potter schlägt Zwerg Nase, die Hobbits vergraulen die sieben Zwerge“ (Z. 1) und so weiter. Mit der Redensart „hinter dem Ofen hervorlocken“ wird deren Bedeutsamkeit gegenüber den Märchenklassikern betont. Aber dennoch „empfehlen Pädagogen die […] Märchenklassike[r] zur Festigung der kindlichen Psyche“ (Z. 3 f.) – eine interessante These, die dem Kommentar vorangestellt ist.

Mit der treffenden Metapher „Kassenschlager“ (Z. 5) wird im ersten Absatz Fantasy-Literatur wie „Harry Potter“ und „Der Herr der Ringe“ bezeichnet, um gleich darauf auf Märchenklassiker zu verweisen, deren Bedeutung nicht vor allem am Geld zu messen ist (vgl. Z. 5–17). Diese hätten „auch ohne Turbohexenbesen und millionenschwere Verkaufshilfe aus Hollywood“ (Z. 4) Wertvolles zu bieten.

Metapher „Kassenschlager“

Das bestätigt auch Heinrich Dickerhoff, Präsident der Europäischen Märchengesellschaft, und betont dabei die große Bedeutung von Märchen für die Entwicklung des kindlichen Wortschatzes. Direkt zitiert mit den Worten „Märchen sind sprachliche Kostbarkeiten“ (Z. 12 f.) wird seine Argumentation noch authentischer. Aber auch die Gebrüder Grimm selbst werden als Autoritäten einbezogen mit ihrem Anspruch, ihre „Kinder- und Hausmärchen“ als „Erziehungsbuch“ für Morallehren zu verstehen (vgl. Z. 14 ff.).

Autoritätsargumente

direkte Zitate

Im nächsten Abschnitt geht es um Merkmale von Märchen, die es den Kindern ohne Schwierigkeiten ermöglichen, diese Geschichten aufzunehmen (vgl. Z. 18–28). Hier werden Fakten zu Märchen aufgezählt wie die Kürze, die einfache Abfolge von Handlungen, das Happy End zum Schluss (vgl. Z. 18 ff.). Aber es geht auch um das Argument aus den Siebzigerjahren, dass Märchen zu grausam seien. Das wird durch Fachleute widerlegt, sagen die Autor*innen. Sie belegen das am Beispiel von „Hänsel und Gretel“ und mit einem indirekten Zitat der Expertin Brigitta Schieder, Seminarleiterin und Erzählerin der Europäischen Märchengesellschaft: Kinder kämen damit zurecht und könnten reale von irrealen Ängsten unterscheiden. Um Interesse an Märchen zu wecken, sei die altersgerechte Präsentation wichtig, meint die Märchenpädagogin und Logotherapeutin Schieder.

kinderfreundliche Merkmale von Märchen

Widerlegen eines Gegenarguments

Von einer interessanten Idee für den produktiven Umgang mit Märchen berichten die Autor*innen im dritten Absatz (vgl. Z. 29–38). Hauptschullehrer Walter Kohlhauf motivierte eine siebte Klasse zur kreativen Auseinandersetzung in Form eines Musiktheaters. Authentisch wird er zitiert: „Zuerst dachten einige, Märchen seien etwas für Kleinkinder […] doch nach wenigen Minuten war der Bann gebrochen“ (Z. 31 f.). Deutlich werde

Beispiel für kreative Umsetzung eines Märchens

auch hier der Wert von Märchen, da sich im Projekt eine Diskussion über Werte wie Freundschaft und Solidarität anschloss (vgl. Z. 37 f.).

Ergebnisse einer Umfrage des Allensbacher Instituts, die bestätigen, dass Märchen aus der Kindheit auch im Erwachsenenalter noch präsent sind, stehen im Widerspruch zur gegenwärtig geringen Beachtung von Märchen. So die Fachfrau Schieder, die bedauert: „Die Kinder kennen jeden Pokémon besser als Rapunzel" (Z. 45). Und dabei würden Märchen auch Lebenshilfe leisten und viele Möglichkeiten für den Einsatz im Unterricht bieten. Mit einer Aufzählung von Faktenargumenten und Beispielen wird das belegt. So ließen sich mit dem Märchen „Hänsel und Gretel" z. B. Fragen klären wie „Auf welcher Seite des Baumes wächst das Moos? Wo steht der große Wagen am Himmel? Wo geht die Sonne auf, wo geht sie unter?" (Z. 50 f.) Auch bei der Integration von ausländischen Kindern weiß Seminarleiterin Schieder Märchen einzusetzen. Märchen z. B. für das Erlernen der Sprache im Unterricht zu nutzen, wird als Beispiel ergänzt.

4. Absatz (vgl. Z. 39 – 42)
5. Absatz (vgl. Z. 43 – 45)
6. Absatz (vgl. Z. 46 – 51)
7. Absatz (vgl. Z. 52 – 57)

Mit diesem Kommentar in variantenreicher Wortwahl und abwechslungsreichem Satzbau wird die eingangs gestellte Frage „Wozu brauchen wir noch Märchen?" eindeutig beantwortet: für die kindliche Psyche, für die Vermittlung von Morallehren, als Einschlaf- und Integrationshilfe. Dafür liefert der Text nicht nur Informationen in Form von Autoritäts- und Faktenargumenten, sondern hat eine überaus appellative Wirkung.

Schluss
Zusammenfassung

Auch wenn ich persönlich nicht erst von der besonderen Bedeutung von Märchen überzeugt werden musste, finde ich mich jetzt jedoch bestätigt: Ich werde meinen Kindern einmal Märchen vorlesen!

persönliche Bewertung

Richtig lernen, bessere Noten

7 Tipps wie's geht

1. ***15 Minuten geistige Aufwärmzeit*** Lernforscher haben beobachtet: Das Gehirn braucht ca. eine Viertelstunde, bis es voll leistungsfähig ist. Beginne daher mit den leichteren Aufgaben bzw. denen, die mehr Spaß machen.

2. ***Ähnliches voneinander trennen*** Ähnliche Lerninhalte, wie zum Beispiel Vokabeln, sollte man mit genügend zeitlichem Abstand zueinander lernen. Das Gehirn kann Informationen sonst nicht mehr klar trennen und verwechselt sie. Wissenschaftler nennen diese Erscheinung „Ähnlichkeitshemmung".

3. ***Vorübergehend nicht erreichbar*** Größter potenzieller Störfaktor beim Lernen: das Smartphone. Es blinkt, vibriert, klingelt – sprich: Es braucht Aufmerksamkeit. Wer sich nicht in Versuchung führen lassen möchte, schaltet das Handy beim Lernen einfach aus.

4. ***Angenehmes mit Nützlichem verbinden*** Wer englische bzw. amerikanische Serien oder Filme im Original-Ton anschaut, trainiert sein Hörverstehen und erweitert gleichzeitig seinen Wortschatz. Zusatztipp: Englische Untertitel helfen beim Verstehen.

5. ***In kleinen Portionen lernen*** Die Konzentrationsfähigkeit des Gehirns ist begrenzt. Kürzere Lerneinheiten von max. 30 Minuten sind ideal. Nach jeder Portion ist eine kleine Verdauungspause sinnvoll.

6. ***Fortschritte sichtbar machen*** Ein Lernplan mit mehreren Etappenzielen hilft dabei, Fortschritte und Erfolge auch optisch sichtbar zu machen. Kleine Belohnungen beim Erreichen eines Ziels motivieren zusätzlich.

7. ***Lernen ist Typsache*** Die einen lernen eher durch Zuhören, die anderen visuell, motorisch oder kommunikativ. Wer seinen Lerntyp kennt, kann das Lernen daran anpassen und erzielt so bessere Ergebnisse.